雲端時代你誰

溫柔斜槓

／ 11個兼顧家庭與人生的優秀女性人生典範 ／

楊雅如、YiLing、鍾佑妮、Avita、林貞妏、COCO、
楊雅純、Jennifer、周佳雯、連瑩、趙玉霜——合著

吳明展——總策劃

推薦序 **創造收入、自我成就、家庭關係三贏的局面**

HOWTRUE 好厝創辦人╱**張雅嵐**

自從網路、移動裝置的發展，讓產業發生巨大的變化，傳統商業模式受到衝擊，也連帶影響我們對工作的關係。

近幾年「斜槓」這個詞開始盛行。有些人一開始選擇斜槓的原因，也許只是因為原本的工作薪水不夠，所以利用下班時間來兼差，賺取更多收入作為開銷的補貼。不過越來越多人是因為發現，傳統就業市場已經不能滿足自己的期望，因此開始有意識停下來思考工作的定義，有計畫的重新裝備規劃自己的職涯。

如果你也準備去嘗試新的可能性，發現自己的不同面向，在創新冒險與穩定安全之間猶疑，那麼提升自己的斜槓技能，可能就是找回自我、成就自己，跨出原本不舒服的舒適圈的那一步唯一方式。

本書中沒有太多高深的理論，但是透過多位作者親身經歷的分享，讓我們看到在不同的人生現狀中，每一個人如何面對原本工作中的瓶頸，展開斜槓遇到的挫折，以及最後如何成功轉型，為自己展開一個可能性，去創造收入、自我成就、家庭關係三贏的局面。

如果你還沒有開始跨出這一步，那麼閱讀本書的時候，你會在每一個作者的過去中看到現在的自己，因此可以很自然的融入情境，並看到每個過程中的轉折，幫助自己思考。

　　如果你已經在路上，那麼恭喜你！你可以從書中每一個人展現的生命力，更看到自己生命的亮光，讓你知道你不是一個人，可以幫助你走得更遠、夢得更大。

推薦序 **思想決定方向，信仰發生力量**

新北市安坑國小退休校長／**吳廷枋**

「多才多藝」長久以來一直是深受歡迎的讚美詞，一旦獲此殊榮，當事人宛如頭頂桂冠行走有風。展現出來的諸多才華，不僅吸睛稱羨，更是大大提升個人的自信和價值。

歷經千百年的社會變遷，時至今日，多才多藝的內涵已經不再侷限於個人受讚後的滿足。逐漸的，無論中外，各個年齡階層，章魚舞足的綻放多元智慧，已如雨後春筍蔚為風潮，學校舞臺、職場舞臺、政治舞臺不一而足。

「從一而終」似乎是古今中外共同的職場觀念，奉獻於單一工作，埋首於單一職場，已經是職場多年不變的法則，無論是現實面、理想面，勇於翻牆衝撞現狀的微乎其微。揆諸過往，「斜槓」似乎已是耳熟能詳、屢見不鮮的趨勢，幾乎各大企業，無不運用其豐沛厚實的資源，轉投資、跨領域、多角化經營。無奈普羅大眾升斗小民，迫於銅牆鐵壁般的現狀，心雖嚮往，面對的解構、建構重重挑戰，最後亦只能無奈收場。

傳統觀念的逐漸瓦解，開放創新思維的抬頭，輔以人類多元智慧的鼓勵，職場倫理的重新詮釋，原本主要又唯一的職場大

道，塞車狀況屢見不鮮，於主線之外再行另闢蹊徑，也是突破瓶頸必然形成的心態。於是斜槓現象加諸個人的吸引力，自然而然風起雲湧、應運而生。

　　一群頭腦靈活、努力於自我潛能開發、深富生命活力、追求創新冒險，再攀高峰的勇者，對於由來已久的內在需求，自然會有相對的回應。披荊斬棘的這群先驅，除了享受自己發現新大陸的喜悅，亦無私提供了他們諸多成功經驗的分享。

　　我的好友 COCO，在其專業領域的成就，無庸置疑，早為同業成功之典範，唯其行有餘力，益以多才多藝、多攀高峰的自我期許，於理念、實踐、結果，多有足供借鏡之處，謂為斜槓的代言人之一亦不為過。左右開弓、一心多用的思維和成就，提供社會大眾極大的激勵，對於不甘現狀勇於冒險、對於穩定中追求卓越、對於才華多樣熱情洋溢的諸公，她的真實而寶貴的成功經驗，是真實而且實用的。

　　思想決定方向，信仰發生力量，COCO 成功的實例近在咫尺，他山之石可以攻錯，深信給予諸位的啟示，必能化為實際行動。無心信其可成，假以時日，開花結果必然指日可待。個人有幸一睹唯先，閱畢讚佩之餘，亦寄望諸位賢達深有同感。

推薦序 **十一個極佳的鼓勵和典範**

富足家機構創辦人、專欄作家、房地產講師、財商講師及企管顧問／**黃義盛**

　　一知道我的 BNI 夥伴「理財太太」楊雅純要和其他優秀的朋友一起出書分享這本書，除了替她開心之外，這真的也是她以勇敢人生的寫照來嘉惠社會的最好選擇！

　　本書有十一位成功優秀的斜槓女青年，分別闡述著自己的人生經歷，如何面臨職場挑戰、質疑能力甚至到歧視的狀況，除了都能以本身的智慧一一面對，更能進而成長創造屬於自己的一片天。

　　但更令我佩服的是她們要面臨身分角色的轉換，太太、母親的角色不時需要輪替，這些責任並不會因為她們要上職場而消失，反而更加考驗著她們，該如何同時做好這些事。因為如果拿來當藉口，就可能會隨時被其他優秀人士取代，所以其實自古以來最厲害的斜槓高手，一直都是我們優秀的女性同胞！

　　我常常和學員分享「資訊的落差就是財富的落差」這句話，我自己在 38 歲離職創業，為的就是能在不同的領域獲取更多資源和資訊。而本書的作者們就是下定決心，以執行力踏出原本的人設框架，當我們盡力為自己的人生負責時，除了那成就感是無

與倫比的，隨之而來的將會是你應得的財富！

　　本書有十一個不同的優秀人生範例，更能為時下在人生十字路口徘徊的朋友，帶來極佳的鼓勵和典範，所以無論年紀、性別都推薦您一起細細品味，讓這幾位優秀的斜槓女青年，在您的人生故事裡一起加油！

推薦序 小孩才做選擇，我全都要

斷捨離變身金錢魔法，打造心靈 × 空間 × 時間 × 財務自由人生整理鍊金術師／**林小印**

　　有幸受佳雯邀請為本書寫推薦序，當初看了主題「女性斜槓」，我就義不容辭的答應，因為我已經斜槓了十多年了，目前的身分是整理鍊金術師／講師／作家／財務規劃師。

　　我對於斜槓的觀念，是從我母親而來。在我小時候，她就一邊認真做著正職工作，一邊向同事或鄰居兜售直銷的化妝品，女性斜槓對我來說是生活日常。

　　所以我從大學畢業後，也像母親一樣，一邊維持著正職的工作，一邊下班兼差做百貨公司活動販售員、日本代購、美甲師，甚至是我後來自創的個人品牌「整理鍊金術師」。

　　當初的斜槓想法，是因為我滿會花錢的，所以多賺一點是一點。另外，我也希望透過我的斜槓，有一天可以變成我的事業，讓我未來有機會生孩子時，可以保有更多育兒的時間，不需要公司准假。

　　女性為母則強，我媽媽因為養育三個小孩的開銷很大，所以有可以賺錢的斜槓機會就把握。而我則是為了尚未出世的小孩，透過各種斜槓，找出可以創業的契機。

本書分享了十一位女性的斜槓經驗，不管是夫妻創業、母親斜槓、單身斜槓，如果你也有斜槓的想法，但不知該如何進行，透過這些創業故事，也許可以讓你在閱讀之餘，盤點自己斜槓的可能性以及相關技能。

　　誰說工作只能有一個，喜歡做的事可以有很多個。斜槓的精神就是：小孩才做選擇，我全都要！

推薦序 給連瑩的祝福

前紐約理工學院電機系主任／**吳曉明教授**

自美國加利福尼亞州初次見面後，認識連瑩已有五年多，一起從事美股市場策略和系統性分析工作持續到現在。

連瑩具有極少見的年輕女性特質，兼有卓越的學習精神和始終如一的研究方向並重視團隊合作，是年輕人學習的榜樣。

她是我有幸與之共事的最敬業、最努力和最具創新精神的人之一，她熱心的服務態度，也自然成為大家的領導者。她不僅擁有與眾不同獨立思考的能力，也非常努力更始終如一不斷在多維度中探索自己。將興趣延伸成專業，培養她多方面的技術和能力。事實上，COVID-19 讓整個世界的人類都承受著壓力，連瑩完成了她的更高學位。

連瑩是那種你可以指望在壓力大的情況下保持冷靜頭腦的人，而且她的積極態度是有感染力的。她一直有一種活出自己風格的精神，更樂意幫助別人找到最珍貴的自己，她肯定是年輕男性和女性的楷模。

強力推薦她開創的事業及樹立個人的品牌。

推薦序 從自我鼓勵及自我認同中獲得力量

尚諺群佳聯合會計師事務所共同創辦人暨執業會計師／**鄭漪茜**

這是一本有野心的書。在「溫柔斜槓」的名字下，本書想要探討或引發思考卻是很艱難的議題，「斜槓」本來就是困難的人生選擇題，再加上「女性」這個可能背負著多元身分及期許的角色，加深了這個選擇的複雜度。本書並不試圖告訴我們答案，而是藉由十一位女性親身經驗的分享，給我們一些啟發。

我自己也是一個創業者，很能體會書中女性創業者所面臨的挑戰，對我而言，斜槓並不只是擁有不同的工作或收入，而是把自己的核心價值及技能經歷，有紀律及有規劃的投入到自己有興趣的事，並發展成一個事業。

就像我的 MBA 同學連瑩，因為突然爆發的疫情，從旅遊產業快速轉換創辦時尚服務事業，將自己在旅遊產業所累積的細心、閱人能力及專業服務訓練，完美轉換成另一種形式呈現而創辦自己的事業。同時她也很有紀律的規劃時間，投入到原本的美股投資興趣中，在這麼大跨度的斜槓創業裡，我最佩服的是連瑩所散發的能量及對人事物的熱忱，還有面對困難時可以雲淡風輕的強大心態。

　　我自己很喜歡在電影《高年級實習生》中安・海瑟薇參加一個困難會議前，為自己加油打氣後抬頭挺胸往前走的一幕，我認為這是在不同角色中的女性都需要擁有的能力──從自我鼓勵及自我認同中獲得力量。

　　而本書的女性創業家們，勇於挑戰自己極限、不輕言放棄的精神，除了是他們自己往前進的動力，也帶給其他面臨相同狀況的創業者極大的力量。

推薦序 每個人生都是獨一無二的精彩故事

《沖繩相遇》、《北海道相遇》暢銷旅遊作家／**賴信志**

雖然孔子說：「友直，友諒，友多聞，益矣。」但以現代的生活而言，我想至少還要加上個「友連瑩」。

連瑩是一位個性爽朗、內心柔細的女生，看到朋友有什麼需求，一定會竭盡所能的運用手上的資源，不吝惜的去幫助朋友，好像立志要成為大家的貴人似的，不計一切努力，所以認識連瑩的人，一定也會認識到她不同的朋友圈，就這樣一圈圈的交織出綿密的人際脈絡，也串起了無數的友誼及商機。

在令人志忑的疫情中，連瑩選擇攻讀 MBA 及勇敢創業，對於熟悉她的人應該不意外，她就是一個這麼充滿動能的人，渾身滾燙的熱血，一定要成功後才能停止沸騰，所以她不但做什麼像什麼，更是做什麼是什麼。

每個人生都是獨一無二的精彩故事，而精彩的背後無一不是經過無數的淬鍊與琢磨。除了自己的樂觀、正面外，面對他人的冷眼，我們更需堅持下去，直到散發的光和熱完全將他融化。

成功的人總是嚴以律己，沒有抱怨的把所有歷練都當作是學

習，重新審視自我或者去發現新的機會，之後就堅定努力的向
前，讓自己成為無可取代。這是一本女力崛起的代表作，衷心的
推薦給所有的好朋友，一起感受美麗蛻變的魔力。

前言 1/2 安定世界的力量，她們非常不一樣

召集人／**吳明展**

　　自 2021 年我們以「斜槓」為核心做探討的專書《斜槓族的 13 個原子習慣》問世後，我和作者群們經常接到來自熱心讀者以及身邊親友的訊息或問候，彙整出人們最關心同時也是最眾說紛紜的議題，第一是對於斜槓的定義，第二則是該如何從現有身分轉換到多元身分？並且以這兩個議題為源頭，又拓展到另一個重要的身分問題，那就是身為女性，其實對於斜槓這件事，平心而論，女性比起男性的確有著更多的挑戰以及背後的故事。

探討偉大的女性斜槓

　　當今很多時候我被問到我最佩服的職業是什麼？我會說「媽媽」。從過去到現在，一直都有一個歷史久遠的斜槓技能，不過因為太融入日常生活中了，結果反倒不被視為斜槓，那就是「母親」這個角色。

　　母親這樣角色的影響力實在非常大，人們說每個偉人背後

都有一個女人，通常指的是妻子，實際上更廣泛來說，無論是大人物或小人物，每個人背後都有一個偉大的女人，那個人就是母親。

這個角色本身就很斜槓，因為作為一個母親要懂的學問太多了，並且比起許多日復一日了無新意的上班工作，母親這個角色會面臨的狀況，以及所帶來的壓力和挑戰，女性被賦予的責任與壓力，早已無法同日而語。

加上亞洲國家往往會說「男主外、女主內」以及「兩性平權」，如果既是母親又是職業婦女，並且這樣「內外兼具」的職業婦女本身又是斜槓一族，那簡直就是「超級斜槓」的概念呀！

當然，如果一開始就把母親定義為斜槓的一個身分，就等於說每一位有正職工作的女子都是斜槓族，這樣子寫這本書也就沒意義了，畢竟除了純家庭主婦外，所有已婚女性都算是斜槓族。

因此我們在本書所要聚焦的女性，有的具備母親及妻子身分，有的具備妻子身分但尚未成為母親，也有的是單身女子，無論如何，在本書開頭，我們想要強調母親這個角色的重要，並提醒讀者好好珍惜自己的母親，想想母親為我們的成長付出了多少心血和青春。

再從斜槓這件事談起

何謂斜槓？最簡單的定義就是「/」的符號，至於什麼情況下可以掛上這樣的符號？同時身兼多職、白天一個正職、晚上一個副業這樣就算嗎？還是名片掏出來可以洋洋灑灑列出許多職銜這樣才算呢？實務上並沒有一個明確的、普世皆準的定義。

依照最原始打造出這個名詞的專欄作家 Marci Alboher 說法，他所定義的斜槓是：「一個人不再只從事單一職業，而是根據自身的其他專業或興趣，發展出兩份以上的工作模式。」

有可能兩個工作模式及形象落差很大，例如正職是個外科醫師，但同時也是專業的魔術師，或晚上在酒吧彈鋼琴；也有可能是個外科醫師，又同時是暢銷作家。

這兩種情況在臺灣都確有這樣的人，並且還不少，特別是醫師這職業是高度專業（不是任何人想兼差就可以當醫師），以醫師為本業發展其他斜槓，就有多樣可能。

以「兩份以上的工作模式」為基準的發想，有的學者提出「人生第二曲線」的概念，但也有人認為，只要用心發展自己的多元化生涯，就算是階段性的任務，也可以算是斜槓族，包括兼職工作、一種技能多樣發展、多樣證照，或者身分上的多樣認定（但不一定伴隨執照），只要可以讓自己列出幾個「/」，都可

以說自己是斜槓族。

如果定義都不確定，那就更別談如何轉換了。以最簡單的定義來看，任何人只要願意在正職之外去尋覓另一份收入，也就讓成自己變斜槓人了。到頭來，似乎爭執名詞定義就失去了意義，終究，我們該關注的是這件事：帶給自己以及他人的實際影響力。

舉例來說，同樣是兩個餐廳老闆兼主廚，Ａ 老闆既是中式料理達人，又是烹飪節目主持人，同時出版餐飲專書，此外並從事有機農業栽植，擔任相關協會理事長；而 Ｂ 老闆則是中式料理達人，晚上化身為宵夜店老闆，此外也經營官網美食外送。

雖然沒嚴格定義，但是兩者相較起來，Ａ 老闆比較符合人們眼中「多元身分且兼具多元專長」的斜槓人，畢竟雖然核心都是美食，但烹煮技能、主持節目、書籍出版、農業栽培以及組織管理，依舊是個別的專業，都需要相當的學習及做到一定的成就。

相較之下，由午餐轉為宵夜，由實體服務轉為線上服務，這些都只是型態上的轉換，就顯得比較不那麼斜槓了。

發掘那偉大又安定的力量

回歸本書主題，我們想要純以女性的角度來探討斜槓這件事，本書所列舉的十一位代表，都是在所處行業做出一定成績，有的創業有成，有的則是在該產業締造亮眼的成就，這十一位成功女性，分別對應了十一種不同的概念。針對這十一種不同的類型，根據男性角色的參與程度，又可以歸納出四種類型的成功女子：

類型一：琴瑟和鳴

這類型的三位成功斜槓女性，共通特色就是她們的先生，也在她們的斜槓事業扮演一定的角色，並扮演著不同的參與程度。楊雅如和先生是標準的共同創業，兩位都是老闆，他們是網路時代發展的見證者，他們所發明的專利模式，到現在都影響著我們的社群應用；YiLing 則和先生有夫唱婦隨的部分，也有分進合擊的部分，他們如今各有各自的專業領域接案，又可以彼此支援，都是 AI 領域高手；鍾佑妮則是初始個性比較獨立，海內外嘗試不同的創業，後來先生創業有成，她則一方面襄助先生的事業，一方面繼續她本身的事業。

類型二：英雌本色

此類型的三位主人翁，可能在傳統定義上被認為是女強人，但其實她們本身也都能扮演好家庭這端的角色。她們共通的特色，都是把自己的事業經營得很亮眼，並且賺錢能力都比另一半強，但她們也都有個肯永遠支持自己的老公。

Avita 創立了國內獨一無二的平臺模式，並且把事業發展到東南亞，她最感恩的是先生願意在背後扮演最堅定的支柱；林貞妏也是長期在海內外奔忙，事業多次的突破轉型，她先生雖然只是平凡的上班族，但願意給予妻子最大的自由，讓妻子的事業茁壯發展；COCO 的事業則是在兩岸發光發熱，她講話豪氣，經歷過大風大浪，巾幗不讓鬚眉，但只要談起家裡的先生及小孩，她依然回歸為嬌妻及慈母的角色。

類型三：各自繽紛

如同大多數的家庭，這類型的夫妻各自有本身的工作領域，但比較特別的是，其中有兩個例子，先生曾經在妻子事業轉型的過程中，有著不同程度的質疑，或者要求她們只要在家扮演好家管角色就好。然而她們以自己的奮鬥，證明斜槓的偉大，本篇三位主人翁，楊雅純、Jennifer 以及周佳雯，都能在自己的事業做出傲人的成績，同時也照顧好家人，贏得稱讚。

類型四：女力發光

　　這世界有成家立業的女性，也有尚未婚配但表現優異的女性，不論是否進入婚姻，她們用實力展現出了不一樣的精彩。

　　本書最後介紹兩位單身的斜槓女子，她們本身也都經歷豐富，連瑩是資深旅遊達人，後來轉戰時尚造型圈，是美麗的女老闆；趙玉霜更是當過不同產業的老闆，開過餐廳、經營過租書店，還拍過紀錄片，後來則是在投資理財領域成為獲獎無數的佼佼者。

　　女性是世界 1/2 的穩定力量，但社會上賦予她們的卻是超越 1/2 的期許，許多女性既要兼顧家庭及事業，還得面對職場上許多先天對女性比較不公的環境，真的很辛苦。

　　我們也希望藉由本書，向所有在社會上不同領域付出貢獻的女子致敬，願所有想要發展不同天賦的女性，都能盡其所能的發揮，寫就屬於自己的斜槓典範。

目次

> 夫妻共同合作投入斜槓事業
> ## 琴／瑟／合／鳴／篇

　　網路公司創辦人 **楊雅如**

女性斜槓創業家
英／雌／本／色／篇

夫妻共同合作投入斜槓事業

琴/瑟/合/鳴/篇

夫妻共同創業──楊雅如
夫妻都是居家創業者── YiLing
夫妻共用辦公室互相協助──鍾佑妮

網路公司創辦人 **楊雅如**
認真孵育我的科技小孩

人類圖一階導師暨進口燈飾企業董娘 **鍾佑妮**
我看見那個更好的自己

AI 轉型及人生轉型規劃師 **YiLing**
發散及收斂，擦亮您的人生寶石

認真孵育我的科技小孩

網路公司創辦人 **楊雅如**

❊ 斜槓議題
怎樣看待每個階段的工作經歷？是船過水無痕，還是成為下一個階段的跳板

❊ 斜槓核心
能者多勞，讓自己不斷累積實力

❊ 斜槓身分
企業經營者 / 網路商品銷售者 /
募資諮詢師 / 金融理財證照 /
空中瑜伽老師

我們含辛茹苦養育出一個優秀的孩子，

為他打造強健體質，讓他的才能被看見。

然而在他邁向成長茁壯的路上，

如果有更好的舞臺等著他，

我們要把他留在身邊，還是放手放他高飛？

這就是我們夫妻面對自己創立事業的心情，

當我們首創一個平臺也取得專利，

但在資本及資源有限下，

又恐發展有個極限。

站在「大我」勝過「小我」的格局，

我們選擇讓平臺有新的東家。

生命和事業拓展也是如此，

不要執著上一階段的燦爛，

有時候反而可以飛向更美麗的天空。

因為想清楚了，所以投入業務工作

　　如今我和先生創業已許多年，想當初剛進大學時，我只是個心中有些理想抱負、實際上卻也只是尚不知曉前路該如何走的平凡女子。

　　可以說我後來會踏上的這條路，是我當年連想都沒想過的，因為我大學讀的是社工系，後來卻走到站在時代最尖端的網際網路事業。其實人生沒有一定的對錯，回顧我的成長路，我只能說，當你用心在每個當下，逐漸累積實力，那麼當有新機會來臨時，就順勢而為吧！

　　說起用心，我知道很多人都說自己很用心，但我從小個性就是非常的……，怎麼說呢？講好聽一點就是認真嚴謹，但另一種講法就是太過一板一眼，對於學習這件事，我不想只是「知道」就好，我還要追求更深入的了解。

　　正是這種個性，我構想一件事情不會只想一晚，然後明天又去關心其他事，好比說很多人都說想買房子，但想歸想，真的發心思去做功課並落實的人並不多，除非碰到像準備結婚這樣的終身大事時，才會開始比較花功夫去看房子、查行情。但我就是會從「結果」開始算起，如果我要買到滿意的房子，我該怎麼做？往前推算就是一定要先有一筆錢，而且是一筆金額不小的錢。這

筆錢該怎麼賺？說實在的，每當談到這個部分時，很多年輕人就會不禁感到氣餒，跟月薪比起來，那真是天文數字啊！所以才會流行「小確幸」這樣的自我安慰語，就是說不要去用未來什麼夢想、抱負來煩惱自己，不如就好好感受現在的每一天吧！

另外，我們設定目標須具備時效性，才是有建設性的目標。例如，在三十歲前買房，而不是希望我這輩子能賺個自己的樓房。時間限制，讓我們必須將行動目標列得更詳細，且知道需要付出多少的力氣去付諸行動。

以購屋這件事來說，我就會繼續推算，既然買房的前提是一大筆錢，那筆錢再怎樣也不可能單靠每個月固定的薪水就輕易賺到，因此結論就是，除非我買房這件事只是隨口說說，否則我就一定得去做業務性質的工作。所以社工系畢業後沒多久，我就進入金融產業從事保險銷售工作了。

爸媽是我的楷模

我是七年級生，成長的年代 3C 產品已經非常蓬勃發展，但當時網路應用還算是剛起步，包括當時的網站也都還很陽春。

3C 帶來了種種生活上的便利，但也同時帶來了各種的文明

病，例如現代都會人感情疏離，以及不知如何與人溝通等問題，也正是那年代開始，有很多關於憂鬱症的報導，我也因為關心這個議題，後來大學就推甄去念社工系。

必須說我當時只想到可以怎樣為社會貢獻，但沒去想將來要怎麼過優渥的生活，可能也因為我的原生家庭家境還不錯，爸媽經營一家工廠，我比較沒切身的生計壓力。即便如此，從小也看到父母經營事業辛苦的一面，我們家是電鍍工廠，那種大型機器的特性就是一旦關機要再重啟，可能就要等待兩個小時，因此工廠的作業性質，往往是機器一開就盡力運轉，二十四小時不停工，爸爸也很少休息。

此外，電鍍的材料動輒好幾十公斤，我也經常看到爸爸和工人們滿頭大汗的扛著重物，並且要時時小心不要沾到化學藥劑，因此我從小就建立了「工作很辛苦，賺錢生活不容易」的概念。

不過等到我爸媽都工作到了一定年紀，工廠經營各方面都上了軌道後，他們逐漸呈現半退休狀態，那時候就不需要日夜操忙了，經常是快中午才去工廠巡一巡，下午三、四點就回家了。他們有額外的時間可以做公益慈善，每年也都會結伴出國旅行，也因為工廠是自己的，他們也不必煩惱退休沒有收入這類的事。

感恩爸媽做為一個人生指引的楷模，為我建立一個正確的人生觀，那就是應該趁年輕辛苦一點，只要夠認真，就可以讓自己

在年紀還不太大的時候，在財務無虞的情況下，真正享受人生。

由於心中有這般清楚的思維，我畢業後投入業務工作，即使工作再苦也不會嫌苦，因為我知道努力的走到後來，就會有悠閒寫意的幸福。

不同世代的使命

畢業後我選擇從事保險銷售，這個行業真的不好做，特別是像我這種過往沒有其他社會工作經驗的人。

由於我的個性讓我不會輕易放棄，否則說真的，保險銷售的過程常常遭遇很多負面的打擊，並且在這個年代，幾乎每個人手邊都有至少一、兩張保單，而且通常身邊都會有幾個從事保險產業的朋友，這也使得保險業務銷售顯得更不好做。有時候我覺得我是靠著意志力撐起自己，才能在保險業服務了三年。

其實在選擇加入保險業之前，家裡也有考慮把我留在身邊協助廠房，然而電鍍這樣的產業，不僅位在前不著村、後不著店的工業區，在廠房放眼望去，都是看了令人心情消沉的黑灰氛圍，一個二十出頭的年輕女孩，要把青春綁在這種遠離繁華的地方，家人後來想想也真的不適合而因此做罷。

　　我想每個時代都有每個時代的使命，父親那一代伴隨的是臺灣轉型工業經濟起飛，而我這個年代則是伴隨著網際網路起飛。儘管兩者時空背景差異甚大，然而共同的特質就是臺灣人愛講的那句話：「愛拚才會贏。」

　　以結果來看，我後來和先生創業，算是比我爸媽傳統產業要更早達到財富自由，無論如何，在成功之前都還是要認真打拚，我看過很多跟我一樣的年輕人，只因為工作上的苦，就輕易放棄了可能會擁有的美好未來。而我很感激從小爸媽帶給我的工作認真態度，此外我也很早就接觸到《富爸爸，窮爸爸》系列書籍，知道被動收入的重要，而打造被動收入系統的前提，依然還是要先努力追求第一桶金。

　　然而在實務上，這世界上一件最艱難的任務，就是從別人的口袋裡要他把錢掏出來，正因為過程不那麼容易，所以可以讓人學習成長的地方就很多。我從事保險銷售的那三年，期間雖挫折不斷，但以歷練累積來說，也真的讓我有更大的毅力可以面對未來種種挑戰，這對我日後創業有非常大的幫助。

　　我當時從事保險工作三年，也晉升到了一個位階。我記得當初加入團隊時，公司有為我們訂定未來三年內成為經理人的願景，而我在服務滿三年時，只成就了一個三人的組織，距離自己設定的目標還有一大段距離，我自己認定這樣算是失敗了，因此

後來就選擇離開。

日後回頭想想，那時候的我做那個決定算是比較衝動的，其實三年是公司規劃的願景，但以我當時累積的人脈和經驗來看，只要再衝刺個一年半載，應該就能更上層樓。以後見之明來看，我後來雖然創業有成，但那也是跟我的運勢以及有幸遇到我先生有關，這樣的運勢並不是人人都有的。

所以我後來只要有機會和年輕人討論生涯，倒是會鼓勵他們，如果整體的方向沒錯（好比保險業務追求的是高業績、高報酬），既然都已經努力了三年，請千萬不要輕言放棄，除非真的三年都沒有任何長進，否則像我當時已經有點小成就的情況時，應該是再加把勁，拚第四年才是正確選擇，一旦放棄就前功盡棄了。

年輕人最基本的業務力

我在二十七歲那年認識我的男友，後來成為我的先生。

當時他創立了一家小公司，就是校長兼撞鐘的那種小公司。其實直到後來我們經營也都算是小公司，員工最多的時候只有十人上下，不過我們從事網路研發相關服務，主要靠的是腦力，原

本就比較不像工廠廠房那般，需要很多人力。

　　認識我先生時，我還在保險公司服務，在一個大集團裡，我只是顆小小的螺絲釘，那時他說他看重我的業務長才，邀我陪他一起打拚，當然那時他想要追求我，但是也真正有看到我的能力。總之，我們從男女朋友到成為夫妻檔，就是採取「一主內、一主外」的分工。主內的是我先生，他的專長是技術研發；主外的是我，過往的保險業務經歷，的確讓我比較擅長對外交流。

　　當時的主力商品，就是為客戶製作網站，那個年代網站已經比較普及了，但如何讓自己企業的網站能夠發揮最大的功效，那就需要真正的專業，我們公司會為客戶量身訂作最適合的網站，同時也負責長期的維護工作。

　　我初進公司時沒有領一毛錢薪水，就是靠推廣網站業務收取抽成，就跟賣保險商品的概念是一樣的。我進公司大約一年後，原始股東有些意見不合，後來我和先生便另起爐灶，當時候搬家我也是每件事情都自己來，包括油漆牆壁、組裝辦公家具，甚至包括拉網路線，雖然我本身並不是理工相關科系畢業的，但是在網路公司服務一年下來，我也真正在網路圈成為小小達人，當然我還沒辦法寫程式，畢竟術業還是有專攻。

　　我二十八歲那年結婚，同年也是我們新辦公室啟用，所以那年算是成家立業年。雖然原始股東分家了，我們的新辦公室也代

表重新開始，但別忘了公司的主力業務就是我，所以很快的，我們又拓展出事業的一片天。

這也是我要告訴年輕人的，有些本事，讓你去到哪裡都不怕找不到事，最典型的就是「業務力」，任何產業，小至路邊賣水果，大至幾千萬的廠房設備，都一定需要業務，這無關你本身是什麼科系畢業，就像我雖然是社工系畢業，照樣能培養出業務力，只要有這個本事，你不管去到哪裡永遠都受歡迎。

打破競爭的方法就是創新

回顧我人生的三大基礎學習奠基，第一是原生家庭建立的努力工作打造被動收入觀點；第二是保險產業三年讓我學習業務力；第三就是跟男友創業這一兩年我什麼事都做，帶給我的萬事通能力。

所以現在的我，在職場上幾乎沒有什麼挑戰不能面對的，公司草創到最後被收購合併，是從最小的客戶服務、業務經營管理、商業模式建立、內部組織領導……，都因為經營公司讓我獲得很多磨練的機會。

業務銷售對我來說並不是挑戰，但是公司本身的發展卻面臨

了重大的挑戰，因為網路專業公司越來越多，不只有中型企業搶攻這塊市場，更有許多迷你工作室，甚至個體戶接案，他們可以用低價搶單，如果只做大家都能做的服務，這樣子公司經營也無法長久。

也就是在這樣的思維下，我們決心投入研發產品。所謂研發，有很大的可能是，投入了很多的時間、金錢，最終卻沒有成果。但是這件事依然必須做，因此我們持續原本的分工，我負責繼續拓展傳統的網路服務接案工作，我先生則專心研發新產品。

我們的第一個產品，是套裝式的購物官網，雖然沒有明確的市場研究分析，認定這樣的產品是誰在臺灣最早推出，但我們當初推出這個產品時，市場上並沒有其他的競爭者。傳統的官網模式，就是委託專業公司量身訂作，但我們新的做法是把購物網站模組化，可以讓有需要的企業或組織，先選購標準模組，之後以套裝的選配方式建立自己的網站。這樣的建置成本比傳統客製化便宜，而我們的收入就是收取租金。通常企業租了網站都會長期使用，我們也就長期維護，這便成了每個月的固定收入。

如此，我們有了兩大收入模式，一般企業可以選擇成本較低的選購模組，如果有企業還想做更精緻的購物商城，我們就會為他們客製化。

也必須說，每個創業都基於當時的時代背景，我們那時正處

在原本大型的購物商城因為主導權太強，讓上架店家覺得被剝削得太嚴重，掀起一片出走潮，因此許多賣家都想要擁有自己能主導的網站。如果我們的商品推出時間再早一點，可能就會比在大型購物商城開店誘因更少；如果商品開發得再晚一點，購物網站已經又發展到另一個新的階段，我們的模式可能就乏人問津了。

所以，想要有競爭力，過程需要定期檢視問題，嘗試不同的解決方案，唯有快速的變通能力，才能不被脈絡淘汰，得以發展得更穩健。

因應網路團購趨勢的劃時代產品

從事走在時代尖端的產業，真是一刻也不得閒，別想靠一項創新就吃一輩子，那是不可能的。我們其實在第一項商品還在熱賣階段時，我先生就已經在研發下一個產品了。也正就是第二項產品，讓我們公司的資本得到了更多資金挹注。

這項產品跟第一項產品的商機開發原理是一樣的，也就是我們的產品要連結當時社會發展的趨勢。第一項產品的發展背景，是市面上各網站百家爭鳴，大家都來建立自己的網站；第二項產品則是因應社群網路的興起，我們設計的新系統，可以符合當時

許多網美、直播主等的需要。

　　這裡也順便跟讀者回顧一下網路發展歷程，因為我們公司就是伴隨網路發展而一起成長的。最早時候的電商平臺，就是類似雅虎奇摩這樣的 BtoC 模式，後來的雅虎奇摩拍賣就是 CtoC 模式，再來是大家不想依賴大品牌網路商城，想要自己創立購物網站。再之後，網站變成只是一種基本配備，但是大家沒事不會去逛那些網站，此時必須要把人導流過去。怎麼導流呢？當時最有效的方法就是透過部落格開箱介紹，而那時候當紅的部落客寫一篇業配文，甚至可以喊價到八萬元。

　　但隨著明星部落客越來越多，業配文也已氾濫到失去公信力，後來興起的則是團購模式。我們新產品問世的那年是 2015年，那年主流就是以臉書為媒介，號召大家買東西，之後再拓展到結合 LINE 群組銷售，還有 YouTube 網紅直播……等等，基本上也就是直播的概念。

　　基本模式是這樣的，假設我今天在臉書粉絲專頁發文，說我現在人正在日本東京，有誰要買我手上的這款包包？你們看好可愛喔！我這兩天人都在東京，想要買包包的人，記得在底下留言「+1」，我們會有專人與你聯絡。

　　是的，每個「+1」就代表一筆訂單，而且回應的速度很快，文章一貼上臉書，可能就幾十個人上去留言「+1」，畢竟這個

臉書管理員原本就有刻意在經營她的粉絲群了。

　　但是接著問題來了，看到很多「+1」固然很高興，但是一看發現有 300 多個「+1」啊！貼文前三天可能有五十樣商品，五十則貼文，管理員得要逐一查看每一則貼文留言，這些訂單有時效性，純靠人工核對的出錯率高，得通宵熬夜才能整理好每一筆資料，這個錢實在有點難賺啊！

　　就在這個時候，我們的系統問世了，我們的產品結合關鍵字，只要事先跟留言者講好，必須依照某個規範留言，否則訂單就不成立，那麼我們的系統就可以抓住每個「+1」，清楚的做出統計，讓臉書管理員處理訂單時更為輕鬆。

　　就是這樣概念的產品，適用於任何自媒體平臺，不論是臉書 PO 文，或是網路直播主叫賣海鮮，反正所有以「+1」表示要購買的，只要透過我們的系統，都可以被找出來建檔，方便賣方出貨。這項產品也讓我真正感受到企業起飛賺到錢的感覺。

　　因為這個系統快速的擴張，成為網路當時最火紅的銷售模式，隨著商家們相繼與我們合作，我們被推上風口浪尖，成為業界領導品牌的系統開發商。

把心愛的產品賣給別人

　　我們第一項產品問世時，並沒有特別去申請專利，而第二項產品問世時，就懂得要去申請專利了，也因此，我們是唯一可以提供這樣服務的廠商。這套機制不只在臺灣取得領先地位，海外也沒有這樣的產品，由於中國大陸那時的網路帶貨直播銷售也是相當火紅，有著龐大的商機，問題是我們本質上還是一家資本額不大的小公司，如果要到海外發展，我們的規格還差得遠，我們相信再打拚幾年有可能可以達到，但是在網路的世界裡，時間不等人，等到那時商機早就經已過了。

　　如果真要拓展到海外，需要非常大的資金，於是當時我的任務就是去募資。那一年我跑遍了各種政府青創基地、創業孵化器等場合，這個領域我也是從零開始學起，後來我已經可以說自己變成了募資高手，我已經把市場上有哪些創投公司、有哪些資金管道、申請資格……等都學會，也都親自去跑了一輪。

　　也就是在那個過程中，我發現到如果要把我們的產品拓展到海外，除了自己募資擴展事業外，還有另一種方法，那是我之前都沒想過的，就是把公司賣掉。畢竟你的產品雖好，但是卻沒有海外拓展的經驗，誰敢借錢給你？而有海外拓展經驗的，都是那些大型企業，跟他們談判，他們比較有意願的合作方式，就是把

你的公司買下來。

當時我也跟先生討論很久，那種感覺就像是要把自己生的小孩送人那般，難免感到不捨，可是我們認真思考後，扣除掉感情因素，以現實面來看，如果一個產品在我們手中發展只能到達一個極限，為何不站在比較大愛的角度，讓有能力的人繼續將這個產品發揚光大？或許那個產品到時候就不屬於我所有，但是永遠也不會抹滅掉我們對這個產品曾有的貢獻。

就這樣，當時有三個跨國集團對於購併我們公司有興趣，我們後來選了其中一家在臺灣社群媒體界的頂尖品牌，將公司賣給他們，附帶的條件就是我們夫妻倆也要一起加入，並且要綁兩年合約，也就是我們原本的身分是老闆，現在要變成「新公司」的員工了。

那是 2018 年年底，我們後來就以被購併的公司員工身分，繼續為這項產品效勞，儘管公司連同產品的專利權已經不在我們名下，但是我們沒有後悔，看到這項產品後來普及到中國大陸及東南亞地區，知道我們的產品幫助了更多的人，對這個社會有了更大的貢獻，我們心裡感到非常欣慰，更何況出售公司也讓我們賺了一大筆資金。

這就是我從員工變老闆、後來又變成員工的故事。2021 年合約到期後，我和先生又繼續創立新的事業。

我的另類斜槓身分

我的故事講到這裡，相信有讀者想要問：「斜槓呢？你的斜槓在哪裡？」

其實身為公司創業闆娘，論身分，我就只有自己的這家公司，但是要做的事真的非常斜槓，我覺得任何一個由小公司做起的人，都可以稱自己斜槓，不論管理、銷售、工程、行銷、財會、網際網路、倉管、客服、總務、庶務……等各方面，全部都要會，雖然不是任職不同公司，但這就是一種業內斜槓。

而以我自身來說，我還多了一個業內斜槓專業，那就是這些年我已經成為募資專家，募資計畫可能是許多商業人士認定非常有成就的一個里程碑。為了能夠獲得募資，我拚命三郎的個性，同樣做足了努力，涉入投資圈、商業簡報力、中長遠的財務規劃能力、談判斡旋的技巧，這些又可以是另外一個故事。如今我也經常扮演朋友間的諮詢顧問。

當然談起斜槓，還有一個對我們女性來說一定要提及的身分，那就是扮演母親的角色。帶小孩真的很辛苦，但是這件事往往並沒有被列入經濟貢獻。我必須要說，我可以做到工作時認真工作，照顧小孩時認真照顧小孩，這跟我原本認真的個性是一致的。有人以為把孩子放在身邊，自己繼續用筆電處理公事，就是

在陪小孩，其實不是，那個根本就是「小孩陪媽媽」。

我這個人絕對公私分明，也剛好公司是自己家的，所以我每天晚上帶小孩時，我，可以做到手機關機，完全不去管工作的事。當然我也需要周邊資源的協助，例如公公、婆婆還有保母的幫忙，但是只要是我親自帶小孩的時候，我就是會「專心」陪小孩。

我有時候也會跟朋友說，我們有兩種小孩，一種是我親生的寶貝孩子，我要用一生確保他們的幸福；另一種小孩是我們公司的產品，也許不一定可以永遠陪伴，但希望在世界的某個角落，這個小孩能夠走出自己的路，讓世界變得更美好。

雅如的斜槓指南

　　必須說，人生有很多種可能性，沒有什麼模式是通用的，例如我出生的家庭背景、如何遇到先生，以及如何踏入這個產業，這不是每個人都可以比照辦理的。

　　但是這個世界依然是有共通的準則。以我來說，我認為你只要選定一個工作，認真去做，最後一定可以得到回報。就以我曾經做保險為例，我相信當時如果繼續從事保險，後來絕對可以成為一個年收入幾百萬的經理人，儘管我後來沒繼續走那條路，但是我也依然能得到寶貴的業務經驗。

　　那個過程真的很重要，簡單說，認真者有福了，不論未來走哪一條路都一樣。我也希望年輕人在成長時候，不要一心只想著賺錢，在年輕時，比起每個月的收入多少，我覺得更重要的是學習到多少。

　　金錢可能因為突發狀況，例如資金被盜領、被詐騙、發生意外或是投資失利，一夕之間讓戶頭餘額消失，但是能力是伴隨一生帶不走的。

　　即便我已經當了老闆，我也依然持續學習，包括在前面文章沒講，除了一般社會大眾認知的工作成就，我也很在乎興趣追求、自我成長。不過需要兼顧家庭與工作，只能再善

加利用時間管理。

　　明白自己是晨型人的性格，我逼迫自己將個人愛好挪到一早來做，久而久之，我就愛上凌晨五點的安寧時光。這幾年對於瑜伽的投入，讓我多了另一個斜槓身分，目前也是一名空中瑜伽老師，擠出上班的空檔，我也會出現在運動教室陪大家鍛鍊身體。

　　衷心希望每位朋友都能找到樂在其中的工作，只要認真，未來的豐富屬於你的。

作者個人連結

發達數位有限公司	空中特技 IG
https://fa-da.com.tw/	https://www.instagram.com/ivy740506/

發散及收斂，擦亮您的人生寶石

AI 轉型及人生轉型規劃師 YiLing

❖ 斜槓議題
如何面對人生每一個抉擇？何時該轉
職？何時該斜槓？怎樣讓每一次轉
變都帶來正面的影響？

❖ 斜槓核心
目標管理及資源整合

❖ 斜槓身分
AI 公司共同創辦人 / 女子
生涯規劃教練 / 房地產租
賃管理師 / 帶娃女子部落
格主筆人

我覺得有時候人們太依靠感性衝動決定了，

適度的感性是好的，但感性不代表必須一味熱血，

更不代表一廂情願。

特別是攸關生涯發展的事，更必須讓腦袋冷靜沉澱思考，

畢竟人生就這短短一遭，而青春時光更是非常寶貴。

有些事，我們經歷了，知道自己的能力所在，那樣就夠了，

不需要無謂的堅持一定要做出什麼結果。

有些事，也許攸關年少的許願，但也不需要被過往綁架，

可以走下去的就走下去，該換跑道的還是該換。

人總是要讓自己能力不斷累積，

但也要懂得時間分配以及量力而為，

關於人生，我的建議先發散再斂，

唯有經過收斂過的，才是珍貴的精華。

人生是等待打磨的多面向寶石

人生像是一顆多面向的寶石，每個面都得努力打磨才會完整，也才會知道最後手中握的究竟是哪種美麗寶石！知道自己的中長期目標，然後不設限的嘗試、探索，前進的道路不一定是直線的，可能是彎路甚至需要走些回頭路，但只要是到達得了的方式，不就好了嗎？重要的是，在過程中能否累積讓自己持續前進目標的能力和價值。

經常看到一個情況，有人抓到一個商機或一個職位，就以為找到了穩固的飯碗，但這世界上並沒有真正穩固的飯碗，雖然的確有人說把一件事做到專精，就無可取代，然而社會氛圍及市場環境都會變，無常的發生比我們想像的更頻繁。你認為安穩可靠的頭銜，有可能等你年紀大一些，公司就讓年輕人取代你的位置；你覺得可以帶給你源源收入的商品，有可能一個新商品問市，讓你的商品一夕之間就乏人問津。

所以人們說跳出舒適圈，不單指生涯上要擺脫固守安逸思維，更包括各種事業領域的抉擇，還有各種生命中重要事件的抉擇。對我來說，我也是經歷過人生的意外遭遇，才懂得深思跳出舒適圈這件事。影響我人生很大的一個事件，就是在我二十幾歲時，我的親弟弟因病離世。這件事讓年輕的我第一次深深感知

到，什麼叫做人生無常，也是在那個時候我才發現，爸媽怎麼在轉眼間已經變得那麼蒼老？而我卻還以為日子可以跟從前一樣無風無波。

我真的很想為這個家做點事，可恨的是我既沒錢也沒有能力，要怎麼幫忙？媽媽也來安慰我，説知道我有這份心就夠了，要我專心工作就好。也就是從那個時候開始，我仔細思考我的人生，我知道我若想要當個可以「照顧家」的人，上班族的生活型態（時間及收入的分配）是不符合我所想的，我必須找其他的方式，才有能力照顧這個家。那時候我更認真去思考及整合我的資源，接觸到了「人生設計」，並運用這樣的方法，訂出下一階段的人生規劃。

關於生命這件事，大家經常會以線性思維來思考，就好比小學畢業後讀中學，中學畢業後讀大學，人生好像也被設定要先做 A 再做 B，比方先賺第一桶金，再來追求夢想。可是我發現人生並沒有那麼長的時間，不能一件一件來，生命的過程中有許多事同時都在發生，我不能要爸媽暫時不要變老，等我有能力了再回家陪伴；我不能叫市場停在現況，等我學習進度跟上了再來參與。

人生每件事都混在一起，不能顧此失彼，這件事不容易，但我所有的努力就是為了要做到這件事，人生就像是個多面體的寶

石，要讓每一面都光彩奪目。所以斜槓不該是一種特殊能力，我認為斜槓是每個人本來就該做到的，我們無法只專注在一件事，因為世界不會等你。

而對我來說，也許中間過程會有許多挑戰，但我設定追求的目標倒是很簡單。我的長期目標，就是要有能力好好照顧家人，而伴隨這目標的，就是要賺到足夠的錢，並且最好是一套長期運轉的系統；短期目標則是我要拚事業，卻也不忽略自己的家人。時間有限且寶貴，認清這一點後，我的一切事業及學習設定，都該讓我朝著這樣的目標前進。

先來說說自己的現況吧！我現在是個典型的斜槓人，目前我付出最多心血的，就是媽媽的這個角色，我把關於女生成為媽媽的心路歷程，發表在我經營的「帶娃女子」部落格中。而媽媽之外的角色，我則是一家公司的共同創辦人，專長是 AI 轉型。此外，我從事貿易銷售多年，同時又是個擁有證照的房地產投資暨租賃管理者，除了將「人生設計」概念用在自己的生涯規劃上，也藉由工作坊及教練的形式協助他人做生涯規劃。

在所有的斜槓中，我感到最驕傲的一件事，不是我的哪一個事業多麼蓬勃，也不是我每年的收入如何成長，而是我和先生可以同時兼顧事業和陪伴家人，這當然有賴於兩大助力：第一是我可以在家工作，公司就是家，擁抱絕對彈性；第二是我和先生可

以做到家庭及事業的充分分工，因為他跟我一樣工作性質彈性，而且我們的默契十足，這是我們在生涯規劃上刻意經營、共同磨合後的結果。

我如何擁有現在的價值？

回想起來，被成就的每一件事，都奠基於前面的準備。那些前面的經歷，包含學習過的、磨練過的、被啟發頓悟的，也包含那些失敗受挫的、曾經四處碰壁的，以及年少輕狂亂闖亂撞的，後來都一一變成如今更高境界的成長養分。

但並不是每個過往都可以打造更亮眼的今天，否則不會有那麼多人仍困惑在茫茫世道中。我認為人生成敗的關鍵不在於單純的度過，而在於經過規劃過後的歷練；不在於看起來很豐富、其實只是搞得自己很忙的斜槓，而在於每件事的進場與退出，都有用心的考量。

人生設計的概念，就是先確定目標，以終為始，接著不設限的發散可能路徑，經過小規模嘗試後，收斂出適合繼續深入的方向，再進一步深入耕耘。所以「勇於嘗試」、「從結果找到調整的方向」、「持續累積」，是我的行動準則。

　　我是個目標導向的人，訂目標時就要追求一個結果，並且這個結果是盡量可以量化的，就好比以理財來說，你說目標是想要在六十歲前存三千萬元，那麼每年要存多少錢，這是用計算機就可以算出來的；另外，比較複雜的則像是要完成某個專案，過程中各個部門要達到哪些標準，即使困難，也要先設立出來。

　　因為時間寶貴，所以一旦一件事做到後來已經變調了，已經看不到未來了，就該勇於退場。如果你是在一家公司遇到這種狀況，就該趁年輕趕快離職，不要眷戀熟悉的環境。因為時間寶貴，所以要做自己最擅長的事，要做可以「累積」的事，讓自己的各項斜槓彼此產生加乘效應。

　　當然，我的工作模式無法套用在所有的職場女性，因為我和先生不論是在家庭或是工作上，都有很好的合作默契，背後的基本精神還是共通的：設法創造自己所參與每件事的最大價值，但也要知所取捨，讓每個斜槓都可以最有效率的執行。

　　簡單講，不擅長的、不喜歡的，就不要做或選擇與人合作，只把時間花在自己可以嫺熟運作的，或者自己就是非常喜歡、不做不行的，並且努力讓自己成為一個可以與人合作的人。

　　其實這一路來的成長過程，我也的確經過許多的歷練，但這裡我想先介紹的第一個歷練，卻是跟獲利最無關的志工服務項目，這件事沒有帶給我收入，反倒讓我付出很多時間。然而回顧

我整個生涯歷程，不論是針對人脈拓展或者能力提升，這件事卻帶給我非常大的幫助，這個項目就是我和朋友合作在臺創立的「Mentorship program」。

社群經營帶給我的豐富經驗

「Mentorship program」在國內沒有統一的譯名，有人稱為「前端引路人計畫」，有人稱為「師徒計畫」，這是一個服務性質的社團，但性質比較像讀書會，基本精神就是導師引導學員，打造一個創造教學相長的環境。

我和幾位好友在 2017 年創立這個社團，但在那之前，我已經投入公益服務性社團好些年，我大概在出社會兩年後，就開始加入以培訓為主力的工作坊。

工作坊其實也是一種英譯中的翻法，英文原名「Workshop」，起源於英國工業革命時代，歷史淵源悠久，最早時候的確有工廠車間裡手作以及工法精進的概念，但到了現代衍生的定義，工作坊是一種針對特定主題或活動，所進行的「討論」或「實行、實作」的概念，所以不同於單方向授業的課程，工作坊更強調雙方面的互動。

　　那時候我白天是在餐飲產業服務，晚上則積極參與工作坊的運作，那是一個以女性為主的科技產業人社群，大家的服務完全是義務性質，純粹基於心中熱情。我想這也跟我的網路產業背景有關，如果不是這個產業出身的朋友或許不熟悉，其實對技術人來說，「分享與交流」是個歷時久遠的傳統，不論是海外或臺灣本土，網路業有種很特殊的情況，就是喜歡製作「開源軟體」，就是將程式碼公開放在網路上，歡迎全世界的人來引用。而往往透過開放大眾的參與、討論與修改，反倒可以加速原本軟體的發展，帶給產業更快、更多元的發展。

　　可能我從學習歷程就沉浸在這樣的氛圍中，我非常認可「分享與交流」的價值，當我步入社會後，也積極在下班時間參與這樣子的工作坊社群活動，而那也是我最早的斜槓。

　　我本來是想要去幫助人，但最終得到最多幫助的人反倒是我自己，因為參加這樣的志工社群，讓我學習到在企業裡不一定學得到的人生功課，也就是如何與人合作。那時候年輕的我，會跟一群一樣尚未失去青春純真的年輕人，認真討論及規劃每個月的活動，以及安排每週的進程等等。也因為各種專案，例如政府機構、其他社群及民間機構不同的合作專案，讓我認識更多業界成功人士如何處世。而當時才二十幾歲的我，很感恩有許多年紀比我大一些或年長更多的前輩們，樂意分享、解惑關於職涯、社

會、人生的經驗，而充滿熱誠的我也變得學習力滿檔，非常快速的展開學習。

　　臺北因為交通發達、人口密集，加上當時產業正在上升，有大量年輕人想進入網路產業，這也使得我們分會成為全球八十多個分會中最蓬勃發展的。在這樣的氛圍下，2017 年開始，我們積極爭取在臺灣主辦國際年會，記得我們十多個人花了整整一年的時間，從先期規劃開始，到最後安排國外貴賓食宿接待等等。正式的活動則是兩天一夜的研討會，有來自德、英、日、美各國的嘉賓，超過八百人次參與。除了核心的十多位志工，還聚集了多個友好社團、近百位短期志工，才促成這次成功的活動，也讓我深刻體會合作能帶來的力量。

　　也就是在那樣的場合，我認識了其他社團理念相同的朋友們，當時我們就聊到，剛出社會時需要有前輩指路，如果能夠有導師來帶領該有多好。一提到這裡，就有人提出，何不來辦一個「Mentorship program」？

　　就是這樣的機緣，我們有五個朋友開創了新的計畫，各自負責一個領域：業務、行銷、數據、設計、工程，打下第一屆的基礎，到了 2022 年，計畫運作已經來到第四屆，參與投入的人數越來越多，我們的活動也備受肯定。

付出原來是另一種獲得

當初以志工性質投入，後來帶給我什麼樣的助益呢？其實那年剛出社會的我，剛好藉由這樣的社群活動參與，白天工作上的困惑，可以在晚上活動和朋友討論，而社群中激發的新思維，又帶給我白天工作的新動力。例如可以將晚上學到的新管理模式，套用在白天的職場人際互動上。

我研究所讀的是工業設計，但那時二十幾歲的我，對人生未來仍是一片茫然，我也曾經去外商公司服務過一段時間，後來覺得與自己的未來路徑不合，接著之所以轉換到餐飲產業，並不是因為喜歡餐飲，而是因為我想趁年輕時，讓自己多吸收不同領域的磨練經歷。

也感恩那時候的老闆，對我多所栽培，他一方面經常帶我去拓點，讓我經歷開店的實戰實務，另一方面也將公司的培訓重任委託給我。

培訓？為何我可以做培訓？當然就是因為我過往累積的社群經歷，由於參與工作坊，在那種凡事自己來的環境，鍛鍊出我的各種能力。

舉例來說，如何招募新成員？要知道我們是理想性很重的社群，參與成員都是無酬服務，所以必須具備相當熱誠的人才會

進來。既然是志工，沒領任何人的錢，我們雖說是幹部，也不能對他們有太大的約束力。這樣子怎麼徵人？這裡就累積了我的經驗。

我通常運用兩個關卡來看新人是否值得留住，第一是當我碰到有人興匆匆的因為參加活動覺得熱血沸騰，也想要加入來做點事時，我會提醒他們，請確認知道我們協會要做的是什麼事？了解我們的屬性，真的想清楚後再進來。

第二，加入後我會給他們一個簡單的小專案，可能需要兩、三週左右的時間完成，我會觀察這個新人在第一週會不會主動回報進度，告訴我們他進行到哪裡、接著要做什麼？往往一開始就怠惰的，後來也不會遵守承諾，後續通常就會推說自己太忙了無法參與云云。

雖然和一般企業一關一關面談的完整招募流程不同，但這就是我從實務裡摸索出的有效作法。也讓我學到看資源做事、因地制宜、有用比符合正規作法來得更重要的體悟。

社群互動真的是很有趣的環境，在這裡可以認識各式各樣的人，他們有的身懷絕技，有的有著獨特想法，什麼樣的人都有，可以讓我學習很多。而且這是個磨練「如何合作」的地方，由於不是職場，大家更可以彰顯本性。

例如有人個性比較嗆辣，有人就是愛爭辯，天天有人為了一

件小事爭執，一個說你為何要這樣？一個說他是為了大家好，過程中也許有人憤而離開，但終究都會找出一個協調後的模式。

這樣的歷練讓我更善於面對衝突，我不會被感性的哭泣或者暴怒而影響情緒，我知道背後大家都沒有惡意，然後我就學會跳開爭執迷霧，找到真正可以把事情解決的方法。

也就是因為這樣的經歷，我後來確認自己有能力也很喜歡當 PM（產品／專案經理），我喜歡在不同意見中穿針引線，也知道如何跟不同屬性的團隊合作，這也建立了我的職業主調。

我在餐飲業後下一個工作，就開始當 PM，後來我和老公自己創業，我要做的是 AI 轉型，主力工作其實也是協調，因為一家企業的轉型必須各部門配合，而我已經很擅長這樣的溝通，以及如何讓不同立場的人找到共識。

我相信如果不是透過社群活動，我是不可能可以在短短幾年內歷練出這樣的實力，也不可能畢業七年後就可以自己創業，並建立一定的市場口碑。

當天時地利人和時，抓住時機
時機已過，則見好就收

凡走過必留下痕跡，只要曾經用心付出過的，人生必不會白過。不過我在這裡也要強調，努力的結果可能為我們帶來的是能力的提升，以及新的視野體驗，但那和是否能建立最佳的事業模式，或者讓自己生涯越來越好，沒有必然的關係，真正的事業抉擇，還是要懂得在關鍵時刻適當的取捨。也因此，永遠讓自己還有下一個嘗試的本錢，是我的風險評估準則。

就以我的斜槓項目之一貿易及批發來說，就很能見證這樣的歷程，一個曾經很熱賣的商品，一旦時機過了，就要勇於下架轉換其他商品。

舉個例子吧！我是臺灣最早引進掌型筋膜槍的賣家，在我引進之前，臺灣的運動圈雖然已經開始有人在使用筋膜槍，但那時都是比較大支，使用上不那麼方便的機種，從我之後才開始出現手機大小的筋膜槍，並且逐漸成為標準通用形式。

當初會引進掌型筋膜槍，背後有個機緣，白天在網路公司上班的我，因為擔任 PM，跟各部門都很熟稔，可以接觸到不同個性及興趣的同事，其中有的同事就是所謂的「潮流引領者」，相信每個人身邊多多少少都有這樣的朋友，他們就是那種有什麼媒

體報導的網紅名店，或者現在有什麼新的流行，都想要第一個去湊熱鬧的人。這批當前導的人，回來後就會開始炫耀或是發表議論，帶動更多人跟風。

那時候公司就有這樣的同事，在上班的時候一邊聊著自己的健身體驗，一邊聊著他新買的筋膜槍，我印象深刻的是，那同事說他尋遍各大賣場，才找到這支最便宜的，這讓我很快便了解到筋膜槍的市場價位，他那支筋膜槍特價大約三千五百元左右。以此為基準，後來我剛好在海外出差時接觸到筋膜槍的廠商，當時他們的商品尚未引進臺灣，我因為了解臺灣的狀況，當下就決定率先引進，並且定出銷售價格是兩千多元，也因為這樣，後來即使有其他廠商想要引進，價格就被我鎖死了

說起經銷，我也不是單純看到有貨就引進的概念，我事先都已經想清楚，也對銷售的每個環節都做了評估。這緣由於我老家原本就是在做商品經銷的店面生意，我也負責將商品鋪貨到線上通路，因此我就對商品從上游到下游的各個環節，建立了基礎的概念。

一個生意要做成，絕不能一看到有好康就一頭熱跳進去，畢竟銷售包含了多個環節，許多人經商失敗，原因就在於他們只掌握到一、兩個優勢，卻沒有兼顧到整體的流程，所以後來就卡關了。以銷售來說有兩大基本環節，第一，你要找到具有利基的商

品,什麼叫利基?這就需要了解市場的現況;第二,你要有適合
對接的通路,什麼叫適合對接?不同的通路操作特性不同、適合
的商品不同、上架費用計算不同,需要了解評估後,才能挑選出
適合的。在兩大基本環節間還有定價問題、庫存問題、安全保證
問題、售後服務問題……等等,絕不是表面上看起來那麼簡單。

當時我就是大多數環節都具備了,才決定引進掌型筋膜槍,
後來也賺到了一波利潤。但是當熱潮過後,競爭者越來越多,我
也早已轉到其他的商品銷售。

人生設計:
以終為始、盤點資源、發散/收斂、行動、調整

現在我和先生都可以輪流陪伴小孩,在工作上也能互相支
援,當然一開始難免會有一些衝突,任何家庭的夫妻間,也包括
我們每個人與合作夥伴、客戶之間,不太可能完全契合的。

感恩我長期的社群歷練,讓我善於面對衝突,也懂得找出最
佳的磨合模式。也感謝在這些嘗試路上,先生不只心態上支持
我,也願意出力協助,我們的默契也在過程中越磨越好。

我想跟讀者分享的是我的一套對生涯選擇很有幫助的思考模

式。一般來說，人們的思考方式是「今天想做這件事就直接去做」，但我要分享一個創意發想時常用的「發散收斂」模式。

思考的基本流程是，今天要做這件事，我想要達到的目標是什麼？然後以此為基準往回倒推，有哪些選擇可以達成該目標？透過發散思考後，你要列出各種可能，接著以這些可能一個一個去評估，做收斂。人生的每個重大抉擇，都必須經過這樣的發散思考，才能找到最適合的一條路。在這樣發散收斂的過程中，也一併盤點我們的資源。

人生有夢最美，但也別忘了築夢踏實，與其去追逐一堆燦爛的流星，我們該留下的提案，應該是有可行性且跟目標可以銜接的方案。

可行性包含天時、地利、人和，這些因素對每個人來說都是不一樣的，舉例來說，你想做貿易，品項也想好了，然後一項一項去評估，貨源有嗎？通路有嗎？整個環節包含的每一塊，你都具備了嗎？

情況有兩種，要達成目標只差幾件事，那很好，趕快去補強然後行動。但如果發現缺少的環節太多了，那也要認清現實，這不是你現階段適合做的領域。當然也不代表這樣就要全部放棄，如果我們已經找到一個跟達成目標相關的主力事業了，而你又很喜歡這件事，那就可以在不耽誤正業的前提下，把這件事當成副

業進行，當你這樣做的時候，也就是斜槓了。

在我的斜槓項目中有一項是房地產投資，這部分其實不是我的主力專長，但我有一個優勢，那就是我妹妹是空間設計師，我也有好友在建築產業服務，讓我耳濡目染對土地、房屋、空間有點基礎，除了進修學習外，我也找機會在上班空檔去考了租賃管理人員證照。有了這些基礎後，我開始用有限的資金投入房地產，也逐步建立了自己的資產版圖，但是以我整個生涯規劃來說，這就是一個非主力的斜槓。

YiLing 的斜槓指南

此刻的你，站在人生的哪個位置上呢？如果你從沒關心過這件事，建議你可以試著認真去思考未來的模樣，不要以為人生很長，往往在倏忽間，歲月已老去。

如果你已經有自己的目標，可以花點時間確認「此時此刻」的你，是否站在通往目標的路上？

1. **以終為始**：開始前，先確定目標是什麼？

2. **盤點資源**：列出你現在擁有的各種資源，能力、金錢、人脈……，這就是你的今日起點。

3. **發散思維**：列出從今天起到達成目標之間，你可以去嘗試的各種事情，記得！先不要設限，想到什麼都列下來。

4. **收斂思維**：在資源有限的前提下，你可以聚焦在哪幾件事開始嘗試？

5. **行動、調整**：行動是最重要的一步，一一嘗試後，定期確認情況，做出行動調整。

以我自己來說，我認為 2020 年「時候到了」，我必須離開上班族行列，開始正式創業。我身邊的朋友都覺得很不可思議，畢竟我是在上市櫃公司上班，工作績效優越，公司

也很看好我，而且那時候我才剛剛懷孕，之後還可以請產假，當時的大環境是疫情肆虐，最佳方案不是應該守住一個安穩的企業嗎？但是對我來說，我既然已經確認了自己的道路，就不該浪費自己也浪費別人的時間，我必須要創業了，也在經過半年的交接後，2021 年我開創人生新的一頁，創業的同時，我們家也擁有了一個新的生命。

　　最後給想要創造斜槓人生的朋友一個重要的提醒，要轉變，害怕是免不了的，事實上，絕大多數的人不能跳出舒適圈，不就是因為害怕嗎？當你想清楚、算明白了，該做的抉擇就勇敢去執行吧！

作者個人連結

帶娃女子
https://daiwawa.me

我看見那個更好的自己

人類圖一階導師暨進口燈飾企業董娘 **鍾佑妮**

❖ 斜槓議題
怎樣確認價值觀，要做自己還是配合社會潮流？

❖ 斜槓核心
找到更好的自己

❖ 斜槓身分
人類圖解讀師 / 財富流教練 / 建材銷
售 / 燈飾品牌經營 / 電商行銷顧問

我有一個很不一樣的爸爸，
他不是世人眼中的好爸爸，
說實在的，他帶給家人一定的心靈傷害，
但我依然覺得他是我人生的恩人。
我建立了獨立自主的思維習慣，
知道人間的種種情感，無法單純以善、惡二元論來批判，
我必須對爸爸說，
我不是你，所以我不知道你選擇每個決定背後的理由。
但我必須尊重你的自由，
不能因為你是我爸，我就要限制你自由，
正如同我也不希望因為親子關係，就被你規範限制。
很多事我只能說，
我理解你的決定，但不代表我接受你的決定，
身為你的女兒，我依然衷心祝福你，能找到你真正的夢想，
而我也將持續我的築夢踏實，追求自己的人生。

我的馬來西亞心靈原鄉

我會一種語言，是我周遭臺灣朋友很少有人懂的語言，那就是馬來語。在我成長及職涯歷程中，這種語言及其背後的故事，跟我一生緊密連結，即便我真正停留在馬來西亞的時光前後不超過四年，但那裡是我的另一個故鄉，跟籍貫及血緣無關，我指的是心靈的原鄉。

那是我小學六年級的時候，爸爸因為工作派駐馬來西亞，具體工作內容我並不那麼清楚，直到今天我也依然不清楚，甚至我猜我爸自己也不十分清楚，生性漂泊的他，不隸屬於任何企業機構，去馬來西亞是從事經營管理顧問性質的工作。總之，在那兩年左右的時間，我們全家四個人，即爸爸、媽媽、哥哥和我都移居馬來西亞，我也在那裡上學讀書。至今我仍懷念那樣的時光，因為這是我印象中，這一生唯一可以感受到全家在一起歡樂溫暖的時刻，那樣的日子已經一去不復返。

我沒有惆悵，因為我已經清楚認知，每個人一生有著不一樣的課題，你去經歷、去嘗試，但不需要去抗拒、去怨恨，我們本就無法去知曉每個人的想法，即便是親如家人也是如此。相遇就是一種緣分，強求有害健康。

對我來說，在馬來西亞的那段日子，開啟了我的另一種視

野，事實上，那裡的確也是海外，是我人生第一次出國。我沒有去念臺灣華語學校，而是跟著當地學生，依照一般流程去考馬來西亞中學，日常生活中，我也跟當地人一樣，跟不同種族的朋友接觸，也玩在一起。中學時期與海外的朋友和諧相處，建立了我正向的價值觀，我植下深深的信念，只要你願意擁抱世界，世界都會擁抱你。

我的適應力超強，甚至當地人都以為我是馬來西亞人。相對來說，媽媽和哥哥則是適應不佳，難以融入外國人的世界，不但語文不通，很難交到朋友。身為家中年紀最小的我，反倒成為他們的導遊，不論搭公車要去哪裡我都一清二楚，他們出門時，往往需要我的陪伴。

我在馬來西亞確實了悟到一件事，學習是可以無止盡的，人不需要為自己設限，身在任何環境，與其抗拒不如想方法融入，抱持著既來之則安之的心態，這樣會比較快樂。

我說馬來西亞是我的心靈原鄉，主要是因為在那裡，我真正感受到心靈被啟迪，激起了我的學習欲望，後來甚至對馬來西亞有一種憧憬，覺得那裡有許多我過往不曾探求過的新鮮事物，我覺得「學習」這件事真的相當新鮮有趣。因為諸多原因，我們最後還是回到臺灣，這裡說的「我們」是指媽媽、哥哥還有我，至於爸爸，就繼續他在不同國家漂泊的旅程，直到今天依然如此。

發現另一個有趣的世界

　　我的成長過程似乎有悲情的元素，畢竟我的父母分住在不同的國家城市，並且兩人的生活都不那麼容易，當我成年後，有時候還需接濟收入不穩定的爸爸。但我卻總覺得這個世界充滿樂趣，「悲情」二字跟我一點都沾不上邊。都說「心想事成」，只要充滿熱誠全心投入一件事，宇宙就會幫你實現你想要的生活，確實也是如此，至少對我來說，大部分時候都是如此。

　　從馬來西亞回到臺灣雲林老家後，正準備升學考高中，心想我一定會考上，果真我最後考上了嘉義一所頗有名聲的私立高中，而且我以優異的實力取得獎學金，不但求學三年期間的學雜費全免，連住宿也不用錢。更幸運的是，學校老師還幫我引介課後打工，讓我不僅念書期間不必擔心經費問題，甚至還存了一筆小錢。

　　而打工生活也影響我日後大學科系的選擇，那時候我在藥局打工，是那種兼賣生活日用品及保養化妝用品的藥妝店，雖然我這年芳十六歲的女學生只能擔任助理，但是在店內服務久了，我也日積月累對配藥有了相當的知識，當藥劑師在忙的時候，熟客也都放心由我來抓藥、給藥，甚至當客人來跟我說他有什麼症狀，我也都可以很快說出，頭痛推薦吃什麼藥、胃食道逆流可以

吃什麼藥……等等。

我喜歡這份工作，既可以幫助客人，又可以讓我接觸到化學的神奇，每顆藥的學名成分，我看久了也都有了概念，每當媽媽需要吃藥的時候，也都習慣拿藥袋來問我，這些藥是什麼成分？那些心血管疾病相關的藥物學名，我經常看也都能熟稔的說出那顆藥的作用是什麼。

從馬來西亞回來的我，本就像是心房的罐子開口被打開一般，被培養成一個對凡事感到新鮮有趣的好奇寶寶，在藥局的打工生活，我又見識到一個充滿無限可能的理化世界，所以我後來大學就去念生物科技系，想在顯微鏡下找到另一個充滿奧祕的世界，最終我發現我其實比較有興趣的還是與人相處這件事，不論如何，學習依然充滿樂趣，我樂此不疲。

我是一株菌種的發現者

提起我的大學生活，我有一個獨一無二的經驗。我指的獨一無二，是在全世界七十多億人口裡的獨一無二，那就是我發現了一種新的細菌，並且由我命名。

很酷是吧？我真的是某一種細菌的發現者，也就是說，當我

透過顯微鏡篩檢出的那隻細菌，後來經過嚴格的基因庫對比，證實是自古以來從沒被發現過的，也因此，我被賦予了這種細菌的命名權。

這種細菌具備消耗分解塑膠的能力，其實對環保是很有幫助的，而由我來為牠寫履歷，知道牠適合在幾度的環境下生活、該吃什麼長得好……等等。對我來說，這真是人生的里程碑，雖然我並沒有因此而變成科學家，也沒能成為像居禮夫人般舉世聞名的人，也由於這是在校園中以團隊進行的（但發現者的確是我），所以掛名的是團隊，主導者則是我們教授，但這件事已經讓我很有成就感了。

我那時候就在想，人生不要白活，每個階段都應該訂定不同的目標，並且留下印記。就好比我高中畢業典禮時，擔任畢業生代表，我覺得高中這三年都值得了。如今我在大學期間取得這張證書，證明我幫一種細菌命名，我也覺得單單這一件事，我的大學生涯就值得了。

這也是我後來持續的人生習慣，那就是我會盡力讓我的每個生命階段有意義，要締造些什麼，要獲致一些怎樣的成就。

而大學四年的經驗來看，影響我很重要的另一件事，那就是我更認識了自己，能夠在微生物世界有了新發現，讓我感到十分雀躍，但我也知道，這不是我希望長期投入的領域，我不想一輩

子被綁在實驗室裡與微生物為伍，即便當時研究所積極的邀約我加入，也就是被內定可以直升生物科技研究所，但我最終還是選擇不走學術路線，大學一畢業就踏入求職之路，並且我找了需要與人互動的工作，像是與陌生人講話被許多人視為畏途，我卻很喜歡這樣的挑戰。

因此我後來不但從事業務工作，同時還主動請纓去開發全新的市場。

我就是喜歡開發新市場

從事業務工作真的好有趣，我就是喜歡與人交際。

大學時期，我擔任系學會公關，我的任務是幫系辦找資源，包括金錢贊助或實體贊助。例如大二時，要主辦大一的迎新活動，過程中總要吃吃喝喝，要安排住宿及辦活動，但是大學生經費有限，我便去找廠商贊助，並且當時就我一個人負責這項任務。

我一點都不畏生，在校園附近拜訪每個店家，這家小吃店募得一些美味，那家飲料店募得飲料贊助，即使眼鏡行沒有食材可以提供，我就直接爭取他們贊助現金，我提出異業合作的概

念，只要贊助我們經費，我就讓他們的眼鏡行在校園裡曝光，以後大家要配眼鏡時，都會優先記得找他們。那一年也因為我的爭取，使得迎新活動食物滿到爆，大家都吃得飽飽的，東西多到吃不完。

也因為這樣的經驗，我認為若是整天關在與世隔絕的實驗室裡，終日面對顯微鏡和培養皿，這樣實在太埋沒自己的天賦了。

畢業後，因著我的本職學能科系，我自然就朝生物領域的企業發展，只不過我聚焦在業務及行銷工作上。這裡也必須說明，我後來雖然沒投入技術領域，但是我們的生物科技專案對世人的幫助很多，特別是 2020 年爆發的全球新冠疫情，不論是病毒篩檢或是防疫設備開發，我的許多同學們都是幕後功臣。

回歸到 2011 年，也就是我畢業的那一年，我的第一個工作就是在生技公司擔任業務，這家公司的專長是可以轉換食材型態，將液態轉成粉末。例如把豆漿變成豆漿粉，把原本一罐罐用來喝的蜆精，變成一顆顆可以吞服的蜆錠。而身為業務人員，我主跑各種原物料的上下游工廠，特別是藥廠。

說實在的，臺灣的生技上下游廠商就那麼幾家，最大的幾家早就已經有專人負責，我主跑的中小型企業，後來也都跑遍了，市場難有突破。

我夢想開發的是廣大的市場，好比說——開發一整個國家。

於是那年我做了一件很瘋狂的事，我主動聯絡國內一家生技大廠，儘管人家並沒有要徵聘海外業務，我卻自己打電話聯絡到相關的業務主管。

我說：「想不想要有人幫你們開發馬來西亞市場呢？我有一套很棒的計畫，要不要聽聽看？」

就這樣，我這個有時候被視為古靈精怪的女孩，順利的進入了這家公司，並且成為馬來西亞的高階主管。

一次重大的打擊

可以說我一路走來，就是覺得只要是我想要，就可以得到，也就是心想事成的概念。不過也因為太自信、太樂觀了，後來我跌了很大一跤，幾乎從沒有經歷過失敗的我，後來還花了兩年的時間療傷，並且自我思考人生的意義。

那一年我先離開原本的那家生技公司，有段時間我放鬆心情，就去馬來西亞找爸爸，也就是在重回馬來西亞時，我在當地的廣告看到，竟然有臺灣的上市上櫃生技公司在這裡設廠，而我認為這對我來說是一次絕佳的機會。講白了，我就是想方設法想要找藉口去馬來西亞，不單單是去找爸爸，而是一種重回原鄉的

渴望心境。

憑著我的熱情以及積極主動，那家生技公司覺得我這個女孩很特別，願意給我機會，前提是要經過考核期的試煉，畢竟空口說白話誰都會，公司要看我有沒有真本事。而我也很快的就讓他們心服口服，那時我先去臺北總部培訓三個月，再受命去臺中開拓市場，我當時沒日沒夜的拜訪廠商，比公司預定日期還要更早達成業績目標。之後先是成為正式員工，後來也因為能力受到認可，被指派為馬來西亞公司副理。

接著我做好功課，包含市場規劃，並結合我爸爸原本在馬來西亞的資源，進駐首都吉隆坡，我不停歇的開始拜訪客戶，不到半年的時間，我就實現了原本派駐在當地的業務多年都達不到的成績，我成功讓公司的酵素商品進軍百貨通路，開始在大都會的百貨公司銷售。

但是正當我被成功沖昏頭時，都沒發現在開發市場的過程中出了一個很大的紕漏，直到後來總公司查帳問到錢的事情時，一開始我還感到莫名其妙，後來才發現事態不妙了。

原來自始至終，我只聚焦在如何拓展市場、如何將商品導入賣場，但我根本就沒有按規定跑好收帳流程，我以為有人會處理財報方面的事情，但其實那個該處理應收帳款的人就是我。廠商說有匯款了，然而實際上公司卻沒收到，中間也沒有任何可資證

明的單據,總之,公司因此損失了十幾萬元。

這個打擊對我如同晴天霹靂,向來樂觀順遂的我,首次感到被澆了一大桶冷水那般的難受。儘管公司在第一時間沒有責備我,他們反倒很擔心損失我這個人才,老闆也一直安慰我,碰一次教訓學一次乖,下回注意一點就好,何況對這樣營業額好幾億的公司而言,那十幾萬元真的只是無甚影響的零頭。然而我的心靈已經產生一個破口,原本那個健康開朗的女孩,如今變得鬱鬱寡歡,因為心頭破了一個洞,即使大家都原諒我,但我卻無法原諒我自己。

沒有接受任何的挽留,不久後我就離職回臺了。

讓自己從基層做起

也許我血液裡多多少少有著爸爸遺傳的漂泊因子,我離開生技產業後,並沒有立刻去找工作,我選擇環島旅行,而且是那種很隨興卻又有某種堅持的旅行,我沒有加入任何車隊,我就這麼一個年輕女孩,騎著單車孤獨的出發。

過往的我有多麼的自負自信,當時受挫的我,就有著加倍的自責與內疚,我受傷到必須自我封鎖,人生第一次覺得原來自

己是沒有價值的人。當然我以前也遇過挫折，例如考大學時並不是考上第一志願，但我認為我在第二志願也可以好好發揮；跑業務時不免遇到拒絕，然而我不怕拒絕，我相信下一家一定願意接受我。

但是這回不一樣，我真正發覺自己整個人「想錯了」，那種執念讓我什麼工作都不想做，務必要找到答案我才能回歸塵世。所以我一個人單車環島，在那約十天的歷程裡，我看山看海，在暮靄中沉思，在鄉野中與耆老對話，靜夜裡，我看著天上的星辰想著：「佑妮啊佑妮，你到底是怎樣的人？」

終於我找到了答案，原來佑妮是個很有衝勁的女孩，但她衝太快了，她忘了去打好基礎。我醒悟了，我決心重新找回自己，我願意歸零，我選擇從基層做起。就這樣，前一年我還是個上市公司海外部門的高階主管，後來卻選擇去行動電訊門市，當一個基層的櫃臺員工。

緣由於我的一個好友，她自己經營的電信事業很成功，她也是從基層做起，後來創業擁有四家店。她想找我當她的合夥人，但是希望我先去大公司做基礎培訓，這正好符合我心裡的想法，因為大公司有完整的培訓系統。於是我按部就班應徵電信公司的直營門市店員，在總部接受正規的教育訓練課程，包括如何做好客服、如何介紹產品、如何與人溝通……等等。

原來，我過往以為自己很會做業務，卻不懂得業務背後的原理，如今我願意從基層學起，這樣子日後做業務行銷的時候，就有個踏實穩固的根底。

學習的過程我很快樂，我心靈的破洞也逐漸被補了回來。不過我也必須和那個好朋友抱歉，她想找我當她的合夥人，但我就是個很有自我主張的人，不喜歡受到約束，我後來選擇了走另一條路。那位朋友也知道我的個性，她只能無奈的搖搖頭，我衷心感謝她給我的祝福。

認識人類圖及財富流

心境的控制很重要，不要把一切不如意都怪罪到上天或命運安排，如果你的心想要擁抱天堂，你就會擁有天堂；如果你的心總是與地獄連結，那就別怪生命都是灰暗慘淡。

後來我的人生也不斷嘗試新的可能，包含我去加盟餐飲業，當了兩年的烘焙雞蛋糕店老闆，並且生意超好。另外我那幾年也結了婚，而我先生跟我的另一項創業也息息相關，那就是「人類圖」諮詢事業。

我在事業轉型的過程中，透過學習來滋養新的職涯養分，我

先生也跟我一樣參與學習。有一回我們一起去學八字命理，那時是為了想要更了解自己，經由那個機緣，我們更深入去了解更多的命理學問，包含塔羅以及紫微斗數都有涉獵。

我記得小時候，爸爸也曾跟我聊過紫微斗數，總之，我對這類科學以外的玄學很感興趣就是了。

開始接觸人類圖，是因為我先生的一位同事分享，當時覺得這是一門很有趣的知識領域，甚至能夠比八字還有邏輯的闡述分析一個人，當時透過網路資訊自學，加上一些專業書籍吸收新知。但真正讓我更投入這領域的關鍵是，那年我去中國大陸協助爸爸的事業，在深圳跟大陸朋友聊天聊到了人類圖，其實還不算專業，但光是我分享的部分，就已經促使那位大陸朋友專程飛來臺灣正式上課。我也很驚訝自己有這樣的影響力，如果我朋友都不遠千里來上課了，自己這個最初分享者，當然更要認真去上課充電才行。

我投入了很多心力在這上面，從人類圖一階開始逐步進階學習，也真正從人類圖中看到了自己的天賦特徵，從人類圖分析中，我真的就是那種天生有說服力的人。透過人類圖讓我可以更看見自己，我也因此更用心去分享。

依循著人類圖的內在權威與策略，後來接觸了財富流，讓我對人類圖的解析有了更進階的深入了解。原本透過人類圖，讓我

學會了對人更加寬容，也理解到每個人都有生命必須做的功課。但同時也有一個困惑一直在心裡打轉，那就是人類圖難道是一種宿命的概念嗎？其實不然，人雖然具備天賦，但還是可以有多元選擇，而將人類圖跟財富流結合，正好就是一種最佳的運用。以我自己來説，我就是透過財富流沙盤推演更加確定自己對於哪些事情更有回應，看到過往我做事情的抉擇有某種侷限，但事實上我是可以有更多發展可能的。

透過財富流可以整合五大元素：時間、金錢、人脈、能力、精力，這是每個人都具備的，但如何完美運用呢？如果能藉由人類圖先認識自己的本質，然後透過沙盤推演，找出不同的人生發展可能。

我對人類圖加上財富流很有興趣，但起初並沒有想要把這當成一種職業，在因緣際會下，我小姑的公司邀我去帶團隊做財富流，活動結束後大家都覺得很有幫助。之後我也常常被邀請到不同團體機構做分享，漸漸的，我發現大家都很喜歡我帶的財富流活動，因為我都會結合人類圖的解說，讓大家有更深一層的自我認識。

就這樣，這成了我的一個斜槓，我很高興這個斜槓項目是我跟先生可以共同經營、共同融入的。

感恩你的包容理解

接下來，我想要介紹及感恩我先生。我先生是我的大學同學，我們已經認識很久了，當時我決定去馬來西亞拓展生技公司業務時，他就認定我會是他的另一半。我一個人去馬來西亞、去中國大陸時，他也都尊重我的決定，我想一個人環島，他也天天表達關心，但不會干擾我。我做的每一個看似匪夷所思的決定，他都無條件的支持，沒有怨言。

當我回到溫暖的家，他總是守護在那裡。我們沒有激情的火花，但就是彼此淡淡的細水長流，彼此都願意包容，這樣才會走得更長更遠。

我真的很感激我先生，在這段過程中，他給了我很大的支持。當年我和他新婚還不到三個月時，我就因為爸爸需要我幫忙，必須前往中國大陸工作，有一段時間，我們必須兩、三個月甚至半年才能見一次面。先生對我很包容，後來我想開雞蛋糕店，有時也會異想天開，想要東學西學的，他也都無條件支持我的任何決定。

在過往的人生裡，我難得感到家庭溫暖的時刻，就是小學六年級時全家住在馬來西亞的那短短兩年，所以至今我仍對馬來西亞有一種特殊情結。

　　但我也必須説，我的家庭環境一方面養成我的獨立自主，一方面也讓我害怕擁有家庭，我覺得我不敢擁有小孩，甚至不一定要結婚。我也要再次強調，我從來就沒有恨過我爸爸，一次都沒有，不管他相不相信，當時小小年紀的我，就已經對他有某種程度的「理解」，或許在別人眼中的他非常負面，然而爸爸在我心目中卻是一個勇敢追夢的人，即便受到輿論的種種指責，他還是堅持要做這樣的自己。

　　而我也遺傳到那種想要「做自己」個性，我在和先生進一步交往前，就曾嚴肅的跟他説：「請你要想清楚喔！我的個性這輩子就是這樣，我可能不會是傳統那種相夫教子的賢妻良母，你真的願意跟我在一起嗎？」

　　我甚至告訴他，如果可能，他可以在我們步入禮堂前跟其他人交往，我希望他真正確定跟我結婚是最佳的選擇。之所以有這種想法，是因為我不想要在將來的某一天，聽到他對我抱怨當初沒看清楚，不知道我是這樣的人，我寧願他想清楚了之後，再選擇和我結婚。

　　最後，我也要談談我先生的創業，他原本有一個收入不錯也很穩定的工作，而他的個性相對於我來説比較保守，不像是冒險創業型的人。那年他突然跟我説，他想要離職開一家家具店，有朋友邀請他一起創業，而他也走過他的情緒週期確定不是一時

興起。當時我們已經有一個小寶寶，而且我正在懷第二胎，但是當先生跟我說要創業時，我毫不猶豫的表示無條件支持，我對他說：「你就做你想做的事吧！」因為學習了人類圖，所以這個過程我們都是依循著人類圖要我們聽從內在權威和策略而做的重要決定！

　　過往以來，都是先生無條件包容我、愛我、支持我，我也用一生全力無保留的支持他。總之，一路走來我非常感恩，感恩生涯各階段指引我的貴人和長官，感恩願意包容我的好友，感恩給我不同人生功課的家人，感恩爸爸、感恩媽媽，感恩願意陪我走一生的先生。

　　生命真好，未來還有很多好玩的事等著我們！

佑妮的斜槓指南

人生永遠有兩個課題：你要用一生去了解自己，也要用心去了解關愛你的人。

許多人不敢做自己，只想跟著別人的路走，或者因為別人的批評指責，就不敢做真正的自己；有些人又太過自以為是，凡事總以自己為核心，以為全世界都繞著自己轉，過程中傷害了別人都不自知。

這兩種極端都不好，如何平衡自己與他人的關係，這點非常重要。也可以透過人類圖的內在權威和策略，打破自己頭腦的認知，學習用心、用身體去感受什麼是你真正想要的；以家庭來說，你要找到真正願意接納你的人，而你也願意接納對方，這樣子才會幸福。

我有兩個孩子，幸運的是，我和先生的工作性質都比較彈性，讓我們可以在打拚事業之餘兼顧家庭。我曾說，人生的每個階段都必須有一個里程碑，這段歲月才沒有白費，我們兩個小寶寶也是我們的心靈慰藉，我們會用一生來疼愛他們。

我知道每個人的個性不同，許多人甚至不瞭解自己，不知道許多原來無意識做的事，背後是有原因的，透過人

類圖可以為自己做相當的解析，也歡迎有興趣的人可以跟我聯絡。

作者個人連結

Original BTC 英國手工燈飾

Original BTC 英國手工燈飾

Original BTC

英國手工燈飾官網

https://bit.ly/BTC-Offical

沐心時空部落格

https://www.moosee.tw

女性斜槓創業家

英/雌/本/色/篇

從專職網路高手轉型跨國平臺創業——Avita
從兩岸貿易高手轉型勞基顧問創業——林貞妏
從專業美容高手轉型養生集團創業——COCO

Circlelink 平臺創辦人 Avita
成功就是打造自己難以取代的價值

創贏勞基顧問公司共同創辦人 **林貞妏**
要有公主命，更要女王心

沐庭美學 C28、魔女的秘密品牌創辦人 COCO
感恩我那高潮迭起的人性試煉創業史

成功就是打造自己難以取代的價值

Circlelink 平臺創辦人 **Avita**

❖ 斜槓議題
  要怎樣才能讓自己的業績或企業茁壯？欣欣向榮的背後
  價值是什麼？

❖ 斜槓核心
  比客戶還關心客戶

❖ 斜槓身分
  整合行銷公司創辦人 /Circlelink 平
  臺創辦人 / 跨國美食平臺創辦人
  / 東南亞文化達人及記者

那一天深夜我接到一個好友的電話，

她跟我一樣自行創業有家小公司，

我問她怎麼了，

她說：「Avita 怎麼辦？我們公司最大的客戶換窗口了，

我擔心前途不保了。」

我感到不解，客戶換窗口就換窗口，前途為何不保？

她說新的窗口有自己熟識的廠商，屆時就不會找她公司合作。

說前途不保，因為這家公司占了她整家公司九成的業績啊！

霎時，我整個人驚出一身冷汗，

她講的狀況不也就在講我嗎？

我的公司也是最大客戶占了八成五以上業績額。

從那天開始，我從原本的安逸迷夢中醒來，

隔天一上班，就找來同仁交辦公司新的發展做法，

並且陸續招聘業務團隊，

才拓展成如今擁有多元發展的局面。

二十五歲前一定要做出成績

從小到大，我一直不是擁有雄心壯志的人，在成長時期，從來沒想過會當老闆，以前最大的夢想，就只是希望能做自己喜歡的事情，工作內容又對社會有幫助。

我很早就進入職場，一切緣由於學生時代，家人因好心當朋友的保人，接下來的故事相信大家也很熟悉，就是電視上經常看到的那種，朋友跑路了，導致我們家連帶責任背負了一堆債務。從中學時代起，我的學費都靠助學貸款，希望能減輕家人的負擔，一到可以工作的年紀，十八歲起我就開始賺錢，希望自己能為自己的生活負責。

一天晚上，爸爸跟我聊天，談起小時候曾有師父幫我算命，他說這個女孩子若年至二十五歲還無法有一點小小的成就，她的整個一生就「沒路用」了。

那個算命師的預言，簡直就像個緊箍咒，從我學生時代就伴隨著我，每當我想要偷懶或者自暴自棄時，就想到那個「二五大限」，於是警醒著自己必須跟時間賽跑。但是看到那些大企業家們各式各樣的功成名就，我自問難以達到，何況還得在二十五歲那麼青春的年紀。因此我心底設定的目標，希望自己多少有點成績，在工作上做出績效，或是得到客戶的認可都好，總之就是設

法不要讓自己變成「沒路用」的人。

也因秉持著這樣小小的立志，我至少做事情都很認真，因此比起別人，我有我的「大限」，我自認不是一個聰明的人，所以必須比別人加倍努力，至少這樣才對得起自己，即使真的「沒路用」，也就沒有遺憾了。

具體來說，我的成就就是每月的業績，我很清楚，公司付我多少錢不重要，重點是我是否可以賺到比公司付給我更高的報酬，這樣對公司來說，我才是「有路用」的人。如果連對一家公司都不能做到「有路用」，又怎麼可能對整個社會「有路用」呢？

也因此，我在職場上，每到一家新公司工作時，都要幫自己設定一個學習與實踐的目標，當我發現學不到東西的時候，感覺已經在過一天是一天的時候，就會想趕快轉換跑道。如果沒有新的學習，而是停留在原地踏步，我就會變得很焦慮。

這段期間，我主要投入的是數位行銷產業，也在每一次轉換工作後，我就期許自己成為更專業的數位行銷人。我努力工作的態度，也明顯比其他同事要顯眼，就因為我迫不及待想盡快讓自己在二十五歲前，有點像樣的表現。

把一個客戶服務到最好

那年我進到一家數位媒體公司，我所屬的部門小組，就只要負責一個客戶，對方是一個很知名的汽車品牌。既然只有一個客戶，自然得把這個客戶服務到最好，我也打從心底喜歡這個品牌。我們其實有過往的固定服務流程，若要蕭規曹隨，也可以做得相對輕鬆。

但是我的做法不是如此，既然他們是客戶，我們是專業服務公司，理所當然我們應該可以提供客戶更多服務，跟著客戶一起成長，而不該是被動的等客戶提出需求，我們才來滿足對方。

於是我全心全意面對這唯一的客戶，積極主動去為他們創造新的東西，去學習其他企業的行銷範例，也廣泛閱讀學習最新的行銷趨勢，然後主動提案給客戶。那年正好是千禧年，我認為為了迎接新的世紀到來，該有新的企業形象及作法。

不過這些光是討論沒有用，我甚至有點越俎代庖，乾脆幫客戶的窗口把他應該做的事都做了，客戶甚至直接把他們公司的內部文件空白格式交給我，希望自己的心態就像是他們公司的員工一樣，撰寫各種企業內部的企劃案提案，也協助網站更新與互動式網頁。

那個年代還沒有臉書，也沒有如今那麼普及的社群網路環

境，但是已有部落格，無名小站也都還在，我就協助客戶透過這些平臺，舉辦一些網路活動。

我本身中學時就是廣告設計科班畢業的，加上大學念的是建築，我關心並了解科技趨勢，雖然我不會寫程式，然而我擁有豐盈的創意想法，但又不至於太過天馬行空而無法落實，我的提案大部分都能獲得客戶認同。

其實在服務客戶的同時，我依然不忘要讓自己當個「有路用」的人，既然只有一個客戶，該如何證明我的成就呢？我的做法就是讓客戶對我的服務絕對滿意，當時甚至希望做到他們不能沒有我的境界。

我就是要你為我們服務

當然，這個世界沒有任何人或任何企業是真的完全無可取代，但至少取代的難易度不同，我想讓自己做一個「與其把我換掉，不如更用心栽培我比較划算」的夥伴，也是客戶眼中「如果少了 Avita，事情就不好辦了」的認知。

這樣的認知聽起來不可思議，畢竟人家是世界知名企業，人才濟濟，我一個當時才二十幾歲的年輕女孩，有什麼資格往自己

臉上貼金，認為人家非你不可？

　　但神奇的事發生了。當時我的工作實在是太忙了，過著那種所謂「爆肝」的生活，幾乎很難有一天可以好好睡個覺，後來我覺得壓力來到一個極限，身體實在無法負荷了，因此就離職換到另一家小公司上班。然而令我訝異的是，過沒幾個月，這家小公司的主管忽然找我過去，跟我說公司有一個新客戶指定要我擔任負責窗口，原來就是那個客戶。

　　後來才知道，離開前東家後，原本的職位連續換了好幾個人，卻沒有一個可以勝任我原本的工作，客戶一直覺得不滿意，施壓給部門主管，到後來連主管也受不了，直接告訴客戶，建議他們還是直接找 Avita 吧！並且把我轉職後服務的公司告訴對方，就這樣，那個客戶又連繫上我。而且客戶跟我後來這家公司簽約時，竟然在合約條款中特別註明：「如果服務 PM 窗口換人，本公司有權解約。」我還真的在某種程度上成了那個「難以取代」的人。

　　就這樣，我繼續服務原本的客戶，直到有一天，公司政策改變，整個業務要轉往中國大陸發展，然而當時的我沒有想要跟去，於是就另外尋找新工作。

　　那年我即將屆滿二十五歲，當時覺得自己非常勞碌命，從十八歲開始半工半讀，也因為喜歡工作，工作性質都很勞心勞

力，連假日也不得閒，那麼多年來，我都沒能好好休息。眼看就要滿二十五歲了，我心裡正想著，過往這樣認真打拚，自己覺得對得起自己了，這樣應該算是「有路用」了吧？

就在那時，我接到之前合作的客戶窗口打來的電話，問我現在哪裡上班，我說我還不知道，可能先休息一陣子。對方就說：「你乾脆來我們公司上班好了！」我心想這也不錯，對方可是一家大企業呢！

沒想到隔幾天那個窗口又來電，說不建議過去上班，因為公司有一定的用人制度，像我這種才二十五歲的人，只能先從基層助理做起，這樣子幫不上他的忙。然後話鋒一轉，他直接給了我一個改變我職涯的建議：「這樣吧！不如你就直接成立一間公司，然後我再跟你簽約怎麼樣？」而且他要我在一個月內生出一家公司，就這樣，我走入了創業之路。

我是怎樣服務好我的客戶？

是的，我就是這樣創業的，在公司還沒成立之前，就已經有一個國際級品牌的大客戶了。其實我也不是什麼天資聰穎或是擁有亮眼學歷的歸國學人，我只是認真做好我的工作，並且「站在

客戶端」想事情。這一點很重要，卻是許多人忽略的。很多人總是說自己可以提供什麼樣的服務，卻沒有站在客戶的角度，如果這是我家的產品要行銷，怎麼樣才是對我最好的呢？

以行銷這件事來說，牽涉的範圍其實很廣，但規模越大的廣告公司或媒體行銷公司，卻往往會落入一種迷思，也就是專業分工，讓客戶擁有很多專業選擇，於是企劃部、業務部、媒體採購部等分工很細，不過缺點就是每個部門的人只懂自己的專業，或許最能整合的那個人，就是統合各部門的總監，但總不能樣樣事情都找總監來做，總監的職責並不是要陪客戶參與到每個很細的環節。

之所以有機會被看重，就在於我願意站在客戶的角度想事情，把自己當作是客戶的夥伴去想事情。我做到了整合，這來自我的用心學習，過往每次換工作，我也都建立了自己不同的專業，基本上一個媒體行銷的整體流程各個環節，我都設法親自去跑過一遍，並且還積極開發新的行銷方式。

這種習慣後來也成為我創業公司的特色，我們的夥伴重質不重量，甚至我找的同事都是比我強的人，我不怕別人取代我，我經營公司的基本價值，就是要為客戶做到最好，我若出差或休假，任何人都可以接續我的工作，他們也都被訓練到可以開啟多工模式。這其實也是我所認知的斜槓，特別是以行銷領域來說，

客戶問網路時，你是網路專家，客戶問媒體時，你是媒體專家，客戶要市場調查，你也是市調專家，這樣就對了。

我並不是一個胸有大志想當老闆的人，只是後來發現如果想要盡其在我做好客戶服務，當老闆的確是一個很不錯的選擇。

難以取代的價值

公司還沒開張，就已經有一個現成的大客戶，保證每個月有一定的收入，這是天大的好事，任何人都覺得可以高枕無憂。然而我依然認真做事，沒有想過要過安逸的生活，但的確我沒有危機意識，直到那一天我接到一個朋友的電話，由於她公司太依賴一個重量級客戶，後來那個客戶出了問題，才發現公司竟然因此面臨到生死存亡危機，這件事讓我驚覺，自己的公司也要調整策略才行。

那時候，那家國際汽車大廠占了我公司 85% 的營業額，這樣子太危險了，於是我第二天就召開會議，宣布從那天開始，全公司努力的目標，就是不要讓任何單一的客戶，占有公司超過 20% 的營業額。

也就是從那年開始，我們比較主動去對外開發客戶，過往以

來我們一直都是服務老客戶為主，加上客戶的轉介紹安穩的做，但這次決定要積極拓展不同市場了。從那時到現在，又經過了幾年，每位來訪的訪客都會訝異，公司內部的設計很奇怪，因為每個辦公空間都有不同的風格。那是因為公司在短期間內努力擴展，我們沒法一口氣招募太多人，都是伴隨業績成長，客戶越來越多，就得增加新的夥伴，每次新夥伴進來的時候，又得重新添購辦公桌椅，因此幾年下來，就形成了不同時期的不同風格。

說起行銷這個行業，別的不說，光是以大臺北都會區來說，大概每條街都會有行銷相關的公司，甚至在商務中心租個小空間，兩、三個人也可以做整合行銷，而更有跨國的大型廣告公關公司，總之競爭者眾。

我們公司如何在這麼競爭的市場找到自己的定位呢？削價競爭不是我們要做的，因為價格再低，永遠有接案工作室可以更低，我們要建立的形象，絕對是價值導向。我們會鼓勵曾和我們合作的客戶，也可以試著去找其他行銷公司合作，當他們比較過後，總是會回過頭來找我們，之所以大家可以長期合作，就是建立在彼此都珍惜的基礎上。

就如同我當年為客戶服務，做到讓對方「認人不認公司」，硬是要追著我跑，由我來為他們服務一樣，我們公司也是要做到擁有這樣難以取代的價值。

公司要積極轉型

　　如今創業十多年，工作依舊忙碌，隨著後來拓展海外市場變得更忙。有人問我，如果有機會讓我再做一次選擇，我要選擇工作更專一輕鬆的數位公司，還是要像現在這般沒日沒夜的忙？我可以毫不猶豫的説，答案還是一樣，我喜歡現在的事業模式，因為可以接觸到不同產業，希望服務客戶的類型不被設限。事實上，為了擴大公司營業額，我不要讓單一公司成為公司的獲利主力，我就是必須多元開發客戶，協助客戶做資源整合。

　　早期公司主力是網路行銷，行銷部門則是後來才設立的，而之所以會成立，也是為了因應客戶的需求。有的客戶並沒有特別要針對網路行銷做規劃，但卻有需要其他方式的行銷，獨立出行銷部門後，就可以承接這樣的案子了。

　　而我也是一個腦子不斷在轉的人，公司業務性質可以擴大，但不論是網路行銷還是一般實體行銷，對我們公司來說都是接案性質，就是一個案子帶來一筆收入，反之沒有案子就沒有收入。

　　然而我是個很關心客戶、但也很照顧夥伴的人，我身邊很多同事都是跟著公司創業歷程一起成長的，其中有幾位都是在這家公司服務期間結婚、生子的。他們是我的家人，我對他們有責任。因此我在想，如果有一天大家年紀都長了，我們還要繼續這

樣單靠每月承接專案過生活嗎？

我覺得這似乎不是長治久安之計，我想要打造更多元的模式，創造服務的市場區隔化，於是後來就創立了「CiRCLELiNKS」這個跨境商務交流平臺。

如今我有兩家公司，擁有三個不同平臺。我第一個創立的平臺，也是臺灣首創的營運模式，我是從社團著手，打造一個可以媒合商機的平臺。啟發我創立這個平臺的因緣，是因為那年我去念 EMBA，一方面取得自己的學識專業，另一方面則是想藉此機會認識更多企業人脈。

但實際上我發現，除了跟自己的同班同學外，頂多就是在新生聚會中，跟上一屆的學長姐以及下一屆的學弟妹認識，若畢業之後就不能長期見面交流，若流於一般聚餐吃飯和表面的寒暄，並無法建立真正的連結。

最早這只是針對學校的 EMBA 成員，而且是純服務性質，完全沒有商業獲利模式。後來逐漸發展成一個鏈結更多社團的平臺，並且隨著社團的數量越多，資源媒合的效應也變得越大。在經過前幾年的辛苦建置，在沒有報酬的付出過後，如今這個平臺逐漸成熟，也邁入獲利階段。

打造國際化平臺

這時我有兩間公司，第一間是我原本的行銷公司，第二間就是以國際鏈結媒合平臺為主力的公司。從原本協助臺灣各大校友會，後來拓展到不同商會等，基本上採取付費性質，一般網友可以點選進來瀏覽，但是只能認識各大社團，無法看到更進階的資料。我們建立的這些族群，會員幾乎都是企業負責人或主管級的。

也因為在服務過程中發現，客戶有很大的需求是開拓海外市場，畢竟他們本身多半都已是大老闆，在臺灣也有相當的人脈，真正比較缺乏的是海外資源，例如東南亞市場的資訊，他們就很需要。

正因如此，我們的平臺開始往海外拓展，有一段時間，我們有一半的時間都在海外開疆闢土。這兩、三年來，我們服務的客戶遍及東南亞，包括泰國、印尼、馬來西亞、新加坡及越南，以及中國大陸及日本，但我們最大的資源優勢還是在東南亞。

這也是我們一步步耕耘而來的，早先時候我們是跟當地的臺商合作，建立自己的資訊中心。然而這樣的工作吃力不討好，可能一整年下來只有支出沒有進帳，但是一旦我們的地方中心打造完成，就可以帶給客戶很大的幫助。好比說某個企業要去泰國考

察，雖然我們政府會有商業聯誼會，當地也有臺商會，但是這些大部分都是應酬性質，無法深入了解當地民情。實際上，如果要建立真正的商業關係，包含語言溝通問題、當地風俗民情，以及去找出在地的市場需求，光靠政府及臺商會是遠遠不夠的，而這些也正是我們的價值所在。

如今我們在不同國家建立資訊服務中心，有了在地夥伴，期望拓展提供更完整的服務。之所以這麼做，初始基於提供客戶更多的資源，並提供夥伴更好的生活保障，為此，我們甘願花一、兩年的工夫，不管花費多少成本，都要專注的打好地基，因為我始終相信，一旦基礎穩固，也就是平臺建成，後續就有源源不絕的商機。

平臺的優點就是有良好的資訊管理，會員可以信任我們，並且我們懂得先付出，而不強求一定要馬上就有收益，當我們的服務讓客戶滿意時，收穫自然就會到來。以社團來說，我們只收社團可負擔的平臺使用費，而我們扮演的角色，就是讓會長更能展現其為社員服務的能力。

真正的收益來自於企業專業的媒合，我們不會任意幫企業牽線，例如越南的Ａ公司想跟臺灣的Ｂ公司合作，Ｂ公司一定是既期待又怕受傷害，畢竟人生地不熟的，現代社會的詐騙事件又層出不窮。然而透過我們的媒合，我們有越南在地的專業人士親

自去考察 A 公司，也會將越南文翻譯成中文回報給臺灣，而當 B 公司決定飛赴越南跟 A 公司合作時，我們的人也會提供相當的支援。這就是我們跨國平臺的價值。

在拓展的國家中，我們最喜歡泰國了，所以也特別撰寫了一本介紹泰國的書，提供想去泰國發展的企業參考。其實這也是跟 EMBA 班有關，北科大的 EMBA 也有開設泰國班，並進行跨國交流，我就是在讀 EMBA 班時，認識了很多泰國朋友。

也因為經常跑東南亞，發現每個國家的飲食文化很有趣，團隊思考後，決定拓展第三個平臺，我們建立了一個美食平臺，聚焦在東南亞的飲食文化，介紹東南亞美食給臺灣，也介紹臺灣的美食去東南亞。一方面可以協助相關餐飲產業拓展市場，另一方面這也是在做國民外交，我們希望對拓展跨國文化交流做出貢獻。

想當年，我只是個希望在社會上做個「有路用」的人，一個沒有什麼背景的單純女孩，後來竟然可以創立事業，找到優質的夥伴一起共事，這是我當初做夢也想不到的。這都是基於我們在承接每個任務時，都能用心付出，都願意為客戶著想。

我很感恩家人給我很大的空間與包容，我與先生婚前就已經知道彼此的個性，他知道我是個工作狂，兩個人相處，包容及支持最重要，我心中很感恩。

Avita 的斜槓指南

我想特別跟年輕朋友分享兩點建議：

一、多傾聽，多理解

剛出社會時，大家都是一張白紙，最忌諱的就是自以為是，有一點小成績就沾沾自喜，開始狂妄自大。也切記不要太過自我中心，面對客戶或廠商，要懂得去傾聽、去理解，同時懂得換位思考，去讀懂對方話語背後真正的涵義。

其實不管面對客戶、面對工作夥伴，甚至面對自己的朋友，換位思考都很重要，當你願意真心為對方著想，不要在第一時間太計較得失，最終往往會獲得更多。

二、不要怕跟比自己厲害的人共事

以老闆或主管立場來說，有些人怕底下的人能力太強，會把自己幹掉或難以管理。這樣的思維一方面格局太小，顯得自我，你眼裡只想自己好，而不是想讓整體的服務更好；另一方面你也太瞧不起自己，覺得自己的本事就只有這樣，否則若是找來高手，不是剛好可以刺激你發揮潛能嗎？應該感到高興才是。

年輕朋友如果有機會的話，要多認識比自己厲害的人，

不論各方面都一樣，可能他的口才比你好，或是企劃案比你強，資深的我都喜歡找比自己厲害的人共事，找到值得培養、喜歡學習的工作夥伴，這樣子彼此都可以持續進步。

作者個人連結

凱斯整合行銷有限公司：
https://lihi1.com/OPODP

跨境商務交流平臺 Circles Links
https://lihi1.com/4EeJh

要有公主命，更要女王心

創贏勞基顧問公司共同創辦人 **林貞妏**

❖ 斜槓議題

職涯規劃，你的選擇比努力更重要

❖ 斜槓核心

認真用心，把不會的事變專業，你就是贏家

❖ 斜槓身分

勞基顧問公司共同創辦人 / 電信整合公司負責人 / 咖啡
廳股東 / 兩岸貿易商及房地產投資達人

那時候跟妹妹以及幾個合作夥伴，

離開穩定的工作職場，一同到對岸創業，

剛開始什麼都不懂，一切歸零重頭開始。

經過不同領域的轉換，

我當過別人的員工，也當過別人的老闆，

我自己是賣東西的人，

當然也經常是買東西的人，

試著換位思考，才能更綜觀全局。

以這樣的多元角度思維歷練，

直到現在從事勞務顧問服務，

就更能做到契合各方立場。

不當螺絲釘，我要往外闖

我如果有機會跟從小就認識的人碰面，只要他們有一陣子沒看到我，見到我時就會訝異的問：「貞妏，你又轉換跑道了喔？」

這句話聽起來似乎有點負面，好像在說我沒定性、一直換工作，不是我見異思遷，而是我以老闆的思維來看，大環境和商機在變，我們也要跟著變。我的轉換並非在不同公司間不斷跳槽，而是在一個領域做出一定成績後，再轉換到另一個新的領域，累積經驗以及看人看事的角度。

畢竟年紀尚輕，就勇敢決定要創業，我的轉換是扮演及體會不同觀點的主事者視野，唯有這樣的歷練所帶來的新拓展，將來在做人做事方面才不會有所侷限。

可能是因為長女身分的關係，從小我就是個比較獨立喜歡嘗試、喜歡思考的人，學生時代讀的也是女生比較少選擇的電子類科系，畢業後則是擔任需要動腦的研發硬體工程師。

臺灣被稱為科技之島，在新竹工作的我，也被人看好有個亮眼的職業。但其實不論什麼產業，背後仍植基於東方的文化傳統，千年來女性已經被定位，就算能力再優秀，將來仍是要走上結婚生育這條路，所以在職場上的潛規則，女性升遷的機率遠比

男性低。

　　說起來，這不是任何企業主刻意的性別歧視，畢竟為了經營獲利，總要升遷以「公司為最佳利益」的員工，而身為女性的我，只被當成乖乖牌，安靜做好體制內的螺絲釘就好，絕對不會被列入重點栽培之列。

　　我當然是不服氣的，我有我的能力，更不想要被性別設限，讓職涯只能停留在原點。所以我在眾友人的訝異聲中，離開人人稱羨、工作穩定、薪水不錯的科技業工作。日後這些友人還會再訝異幾次，因為我的工作或事業轉換，總是處在別人看來很不錯的情況下，我從來不是因為表現不佳或生意不景氣之類的因素被迫離開，而總是因為發現「我可以做得更好」，才跳離原本的舒適圈。

　　不過在幾次轉換躍升中，最困難的絕對是第一次轉換的時候，因為那時候也是我人生閱歷最少的時候。當時我離開科技業，其實只知道自己應該要轉換跑道，但是我並沒有設定新目標，身上除了電子工程的本職學能外，我並沒有其他技能，也缺少與人互動的磨練。二十幾歲的我，就憑著不服輸的勇氣，開始往外闖。

從放逐自己歷程中學習當老闆

既然要闖，就要闖遠一點，我不想只是從新竹跑到臺北或高雄那樣，而是直接從臺灣飛去中國大陸。當時我透過朋友的引薦，開始在兩岸創業圈鏈結資源人脈，在一些成功前輩的帶領下，我積極學習並參與海外貿易，同時也投資相關事業。那時對我這個初出茅廬的菜鳥而言，看著中國大陸遍地商機和蓬勃的國際市場，我知道我的勇敢出走選擇是對的。

要有公主命更要女王心的念頭，在我心裡油然而升，我天天想著自己想成為什麼樣的人、過什麼樣的生活？這樣不斷的探索，使我每一天都更踏實的過日子。那時候看著前輩忙碌，我就這樣一步一步跟在腳邊，學習成功人士的行為模式，在此同時，我的世界觀也被打開了，體驗到「資訊的落差就是財富的落差」這句話的道理。

如今想來，趁年輕時有這麼一段經歷是很棒的，畢竟我們平常上班的日子，白天想著怎麼完成老闆交辦的任務，快下班時想著晚上可以去哪家新開的咖啡店朝聖，時間彷彿都屬於別人所掌控，怎麼會有這樣的機會，把自己丟在一個人生地不熟的海外呢？

只是那時我還沒有設定目標，就是到處走走看看，同時一邊

學習，漸漸就看出了一些門道。我看到中國大陸逐漸富裕起來的沿海地區城市，人們是如何謀生計，我也看到有許多在臺灣還看不到的商品，這裡已經普遍流通了。

以前的我總是以員工的思維看事情，似乎我活著的目的，就是依公司規定打卡上下班，今天的工作內容、明天的工作內容……直到一年後、三年後、五年後的工作內容，都有主管幫我設定好了，我只要照著規定做事就好，也不用去管公司盈虧或是這個產業有怎樣的市場競爭。

但是當我去到了一個異地城市，我知道再也沒有人會吩咐我今天該做什麼，在存款耗盡前，我必須規劃好自己的明天，於是我人生第一次試著以老闆的心態看事情，我先試著當自己的老闆，告訴自己要有自己的事業，接著再以老闆的心境與人互動。

老實說，從前在科技業當了五年員工的我，需要互動的對象只有主管跟同部門的同事，但是來到中國大陸，我必須訓練自己跟不同的人講話，包含供應商、零售商以及許許多多的陌生人。另外，進出口相關規範、兩岸商品市場行情，以及別人是怎麼做成一筆生意的？這些都要靠我自己去問出來，於是我便開始展開經營兩岸貿易事業了。

兩岸貿易事業經驗

雖然說是貿易事業，但是我並沒有成立貿易公司，甚至也沒有所謂的員工，我有的是一群沒有合約束縛的合作夥伴，這些人當中，也包括我的親妹妹。

簡單來說，我就是人稱「跑單幫」的，我從中國大陸進貨到臺灣來賣，初始做的是 3C 通訊周邊商品銷售，後來有做飾品，也兼賣女用包包。

為什麼要做 3C 周邊商品？一方面我過往是通訊產業相關的研發工程師，當我在中國大陸物色商品時，會特別留意這方面的產品；二方面那是我學會自主當老闆後，逐漸培養的商場嗅覺，當你把自己丟到一個當老闆的角色時，自然就會懂得關注哪裡有商機。

好比說，2016 年那時，臺灣的智慧手機已經非常普及了，但是周邊商品的應用，其實跟海外發展還有一段落差。舉例來說，如今大家（特別是年輕人）買了新手機後，都會習慣要額外包膜或是裝手機殼，理由是為了讓手機表面不要有刮傷。

但其實這種需求也是被創造出來的，以前手機不包膜，大家也是用得好好的，而包膜的費用也不便宜，但實際執行包膜動作，卻只要短短幾分鐘。而手機保護殼的利潤差異更大，我們常

常看到在配件行出售的價格近千元，但我們實際拿到的成本大概也才幾十塊錢，這是一個非常大的獲利空間，幸好當時臺灣淘寶和蝦皮還不是太普遍，我才有機會賺到時機財。

然而貿易的一大特色及挑戰，就是大部分的商品都不是獨家的，可能一陣子後，其他人發現這件事有利可圖也一一跟進，例如手機包膜和手機配件如今已經非常普遍，每個商家會自己開發各自的貨源，也許利潤沒有我最初引進時多，但依然有相對的獲利空間。

而在這段過程中，我因為快速累積到一筆資產，也因此切入到不同的商業合作，開始投資中國大陸房地產，甚至轉戰到電競產業。二十八歲那年，我在中國大陸擁有了屬於自己的房子，雖然只是十五坪大的樓中樓，但它卻給了我無比信心，我的斜槓身分也越來越多元了。

直到 2020 年，新冠肺炎疫情爆發，加上我也結婚兩年了，開始想要發展比較安定也可以兼顧家庭的事業，不用兩岸跑來跑去，一直跟老公分隔兩地，我知道也許我該試著放慢腳步停下來了。

做人要懂得換位思考

以前當員工的時候，覺得最煩惱的事，就是無法趕上主管設定的進度，如果為此而常常加班，大概就是身為小資族的我，生活中最常抱怨的大事。

直到自己成為經營者後，我會覺得以前的我怎麼都煩惱那些小事，如今的我可能一筆訂單牽涉到的是上百萬元的金額，一個判斷失準，就可能會帶來不小的損失。但如果要讓「現在的我」去面對「過去的我」，難道我就要以高高在上的語氣指責「過去的我」，認為她怎麼格局那麼小嗎？

當一個人自以為是時，別忘了「天外有天，人外有人」，你覺得別人比你落伍、比你沒本事，就轉過身去看，有更多的成功企業家也指著你，覺得你比他們落伍、比他們沒本事。難道人生就是這樣誰比誰強、一層一層比上去的概念嗎？

我也是後來才逐漸學到，每個人都有自己的立場，當老闆有老闆的思維，當員工有員工的思維，老闆有他的煩惱，員工也有他們的煩惱。有錢人也有他們不為人知的壓力，甚至他底下任何一位年收入不及他百分之一的職員，可能日子都過得比他快樂。

所以人與人之間不該去比較，應該要去理解。這當然不容易，我也是因為自己扮演過不同的角色，才更能體會當事人的心

境。其實這也是我認為斜槓最大的優點，那就是可以讓自己累積不同層面的歷練。

在我剛開始做兩岸生意時，比較缺乏同理心，總是抱持著老闆經營事業的思維，我總是想得很簡單，反正做就對了，哪來那麼多的意見？那時候常常跟合作夥伴處得不愉快，為了分工、為了商業模式不斷溝通，總是不停的磨合。

如今回首看看，那樣的我不就像是典型企業裡的主管，有著張牙舞爪、指頤氣使的嘴臉嗎？曾經我最討厭這種人，怎麼自己當老闆後，卻變成這樣的人呢？

這樣的經歷讓我學會放下身段，學會懂得站在對方的立場去想事情，也許做老闆的運籌帷幄、要煩惱很多方方面面的應對，但做為第一線的員工，要面對的是另外的難題挑戰，而且這些難題不見得老闆跳下去做就會做得比較好。

我們不能單憑一個人的收入多寡，來評判一個人是否成熟，懂得換位思考，才是一個人真正成長的開始。

新冠疫情的大轉變

凡走過必留下痕跡，我投入兩岸事業的時間，比起我出社會後在科技業上班的時間還要短，但是在那四年的時間裡，我真的經歷學習到很多，包括我整個人的個性都有很大的調整。只要有久違的朋友跟我見面，他們都會發現，我最大的改變除了又有新的事業規劃外，整個人的氣質也變得不一樣了。

我覺得這件事是很重要的，因為你的成長反應在你的氣質上。如果許多年後老友相見，見面的第一句話是：「你怎麼一點都沒變？」往好處想是稱讚你青春不老，但是世界上哪有人會一直青春不老的？如果這句話指的是你的思想格局還停留在以前，那就很不好了。也許是因為我的轉變被看見了，當我遇到新冠疫情爆發時，我決定停下中國大陸的事業，回到臺灣重新開始，就有新的機會找上我。

那年我回臺其實沒有特別想找什麼新工作，只是想休息一陣子，或許先當個普通的家庭主婦也不錯。但我幾乎算是無縫接軌，很快就有了新的事業任務，咖啡廳、電信整合公司及勞基法公司，所有事業都如雨後春筍般一一的奇蹟似發生了。感恩這些年來我在兩岸認識的好朋友，他們都願意相信我，在我有需要的時候支持我，有好的事業機會也是第一個想到我。當時就是有位

朋友，他主動找我跟他一起經營一個以「勞基服務」為主力的新事業。

　　一開始我甚至腦袋轉不過來，「勞基」是什麼？原來是指跟勞資權益相關的專業服務。這是我從來沒有接觸過的新領域，我本身是學電子工程出身的，背景是科技產業，之後做的是兩岸貿易及房地產，儘管參與過許多產品，但都是跟民生日用有關。總之，我完全跟勞務規劃那些牽涉到法律以及社會學相關的專業無關。

　　既然如此，朋友又怎麼會找我共事呢？那是因為這個新產業關係到勞資雙方，對相關法條的熟悉度自然有相當要求，但更重要的其實是如何能更客觀的站在不同的立場，化解雙方的爭議。

　　那時我當員工的資歷比當老闆還要久，而且年紀尚輕，當員工的感覺距我不會太遠。後來我自己經營事業，並且在兩岸看過了不同的商場文化，跟許許多多的老闆溝通交流也交易過。我見證過不同的角色，特別是所謂勞資問題，絕非哪一方比較大，資方有資方的立場，勞方有勞方的立場，也絕非每件事都可以雙贏，勞方、資方不太可能完全相容，如何在面對不同案例時，做到公平客觀的規範及建言，這不但需要高度專業，並且需要高度的同理心。

　　而我們選在全球新冠肺炎疫情猖獗的年代，就這樣創業了。

想要遇到貴人，那前提是你自己先變成對的人

以勞基諮詢顧問為主力的企業，在臺灣不算多，畢竟臺灣的勞動法令都還在持續修法改進中。我的合夥人在 2020 年初創立新公司，但尚未正式營運，該年三月我正式加入，合夥人看重的是我年輕卻已有豐富歷練，而且他認為我有一種親和力，就是「人畜無害」那種大家都願意親近的感覺，這是在勞基諮詢這類以人為主的產業中非常重要的特質。

但這些都還是次要的，他覺得最重要的一點是我對事情的認真態度。以我兩岸事業來說，別以為任何人只要像我，搭飛機去廣州、深圳、鄭州、義烏……等每個城市待個幾個月，就可以做出像我一般的成績。

這中間牽涉到許多環節，例如溝通的過程就得花費許多心思，我對事情的認真態度，就是把每個小細節都做好，省去日後各種小問題的產生。

無論如何，我這樣的特質對一個創業者來說，是最欣賞也最需要的，員工的心態是做事情只要可以對老闆交差就好，但是創業者想要找的合作夥伴，是追求「好還要更好」，那是一種不需要他人督促、主動會把事情做到最好的責任心，甚至是長年累積的習慣。

　　我也相信如果想要遇到貴人，前提是你自己要先變成對的人，就像千里馬需要伯樂，但你也要是一匹千里馬才行。

　　我對這個領域雖然是從零開始，但是我在正式拓展業務前，很努力的先花了幾個月的時間做好基礎功。臺灣目前尚未把勞務規劃這項目列為正式職訓項目，也沒有相關的技能特考，但在其他國家已經有專業的勞務諮詢師，幸好臺灣還有民間的認證協會，有相當專業的培訓以及認證流程，我跟合夥人（他也不是相關科系出身）兩人經過正式的培訓後，也都取得了證照。

　　此後我從一個原本對此領域一竅不通的人，現在面對客戶可以隨時搬出適切的法條，並且一字不漏的說出完整內容，針對客戶不同的案例，也都能行雲流水般引用自如，跟客戶侃侃而談。

　　我雖然過往的閱歷尚稱豐富，但老實說，我從前的人脈在新的產業幾乎派不上用場，因為主要是服務中小企業主，並且我要找的對象涵括了各種產業。有時候還覺得自己真愛接受挑戰，總是喜歡找個全新戰場，然後讓自己必須抖擻精神，衝鋒陷陣。

感恩可以服務造福勞資雙方

原本可以乖乖當個家庭主婦的我，選擇再次勞碌命般的事業挑戰，又要上課又要考試，接著要近乎挨家挨戶的從零開始拜訪客戶。不只因為我想要接受挑戰，也因為當初我和合夥人聊到未來時，他的某些話觸動了我。我們為何要工作？大部分的人給的答案都是為了生計，但如果生計顧到了，工作對我們來說還有什麼意義呢？

這些年來，我有一個很深的體悟，就是認知到當我的工作可以幫助更多的人時，這會讓我們做的事業感到更有價值。所以有時候我寧願大幅增加自己的成本，也會要求自己提供的商品要以高標準來為客戶服務。

現在我投入這個產業，我清楚知道我可以幫助很多人。勞資糾紛是非常普遍的存在，差別只在是否嚴重到必須訴諸法律，有多少的違反勞方權益情事長期在民間企業發生？特別是我身為女性，曾處在多多少少有重男輕女現象的職場，當年我也有些感觸。而和朋友聚餐時，也聽聞許多職場上不論是霸凌或者在性騷擾模糊地帶的情事，更多的則是加班是否侵害職工權益、公司給予的福利是否符合法規……等疑慮。

我這樣的陳述好像比較關心勞工權益，然而實際上我們是客

觀的專業諮詢顧問，我們並不偏袒資方或勞方。以事業經營的角度來看，會跟我們簽約的當然都是資方，但這並不代表我們要當資方打手，相反的，是資方要透過我們了解政府的勞動法令，並在符合法令的前提下，做好照顧員工的權益。

當發生勞資爭議時，特別是新冠肺炎期間，有許多企業被迫裁員或者放員工無薪假等，所以當疫情帶來百業衝擊時，正是我們這類勞資諮詢顧問產業更覺重要的時刻。

我也有著任重道遠的自我期許，我知道我的工作可以幫助許多人，甚至不只幫助老闆和員工，更幫助到他們背後的許多人，因為每個職工的權益及福利，也影響到職工的家庭，包含職工的父母照養等等，我真的覺得責任重大。

當然，我雖然有滿腹的理想抱負，但是也必須傳達出去才能被聽到，為此，我第一道難關就是客戶開發。這部分我們真的是從零開始，因為我過往幾年大半時間都在中國大陸，在臺灣並沒有企業人脈。我也透過勤於參加各類商會，並加入 BNI 商會，透過朋友引薦朋友，帶領我逐一認識新客戶。

很幸運的，我的努力有被看見，從 2020 年下半年起（上半年主要在上課培訓），我們從沒有任何簽約客戶開始起步，近兩年下來，公司已簽約了上百間客戶，很高興我可以服務那麼多的企業，成為勞資和諧的一股正面力量。

貞奴的斜槓指南

關於斜槓人生

我曾經在一本書上看到，諾貝爾和平獎得主艾利·魏瑟爾（Elie Wiesel）說過：「人會改變，改變的並非本質而是身分，我們擁有決定要用此生成就何事的力量，並讓願景成為命運。」

我覺得每個人，不論你現在是上班族或者是創業家，其實你都已擁有了斜槓人生。我的經歷雖然偏向創業，但是我不認為每個人都適合我的模式，在你自己的人生中，你一定同時扮演著職場的員工或主管的職務，同時也在家扮演著子女或父母的身分，在朋友之間則是扮演著顧問或精神鼓舞者等角色，把這些角色做好，累積正向經驗，也有助於未來拓展更多新角色的機會。

我也特別感恩我先生，我是在持續兩岸貿易那段期間結婚的，感恩他可以包容像我這樣經常不在家的妻子，我是個比較外向加上很有事業心的女性，身為上班族的他，能理解我這樣的角色有我的辛勞及責任，正如我也能理解他身為上班族有他的辛苦與壓力。

生活是各種關係的平衡，成為斜槓人的一大前提，就是

做好這些平衡。如果一個人連自己原本該扮演好的角色都不能做到令人滿意，更多的斜槓分身也很難做得好。

有機會多嘗試

很多事不是表面上看起來的那麼簡單，你說在捷運站旁擺首飾有人會買嗎？在郵局裡可以擺放商品銷售嗎？這些我都試過，也都做出了收入還不錯的成績。

但是該怎麼做？中間有什麼該注意的細節？每件事深入去探討，都是很有意思的。例如同樣是擺攤，如果貨源不同，可以賺得的利差就大為不同；擺攤當然也是有策略，怎樣選點、怎樣布置，每個細節都是學問。

有機會挑戰新的工作模式，不代表就會走出一條新路，但是與其把年輕歲月都浪費在日復一日的舒適圈裡轉圈圈，一定有趣得多。白天抱怨主管、晚上瘋追劇，把時間都耗掉了，這樣的日子未來是什麼？這是每個人思考自己是否要追求斜槓身分前可以深思的。

不論你選擇要在人生扮演哪些角色，請相信自己並認真對待自己。例如有人熱愛當郵差，閒暇時間做做手工藝，也可以做出成績當個手工藝老師；有人守護住自家的一片田園，推廣有機蔬果，也兼職擔任地方文史工作導覽。這都很

好，我的朋友也都各自在不同產業中活出自己的精彩人生，並非一定要當什麼企業老闆才是成功人生。

　　重點還是選擇你所愛，並認真投入你的選擇，你就會是你生命中的贏家。

┌─────────────┐
│　作者個人連結　│
└─────────────┘

創贏勞基顧問 LINE@

創贏勞基顧問臉書

我的科槓筆記

感恩我那高潮迭起的人性試煉創業史

沐庭美學 C28、魔女的秘密品牌創辦人 **COCO**

❖ 斜槓議題
　人生與人性的挫敗成長學

❖ 斜槓核心
　把美容產業做到多元化結合美容身
　心靈講座

❖ 斜槓身分
　美容 SPA 事業創辦人 / 魔女秘
　密系列及 C28 養生系列創辦人 /
　國際心理諮商師 / 西塔療癒師

覺得我的人生比八點檔還要高潮迭起，

在我剛生完第二個孩子的那年，

經營的事業面臨前所未有的危機，

連新開店面裝潢也找不到設計師承接。

感恩在最危急的時刻，

多年的老客戶選擇相信我，

她說她去其他店家時，聽到人家都在說我壞話，

但當她來我這裡，

我卻從不說別人是非，

她最終選擇相信我的人格及所作所為。

她告訴我，沒人支持你，我就給你資源吧！

於是藉由她提供的新廠商管道，

我又東山再起，快速在兩岸建立起事業鏈，

兩年內就還清千萬債務。

我有責任要得第一名

　　我是小學一年級那年，開始建立了我要「得第一」的習慣，倒不是我考試成績最頂尖，而是我被指定負責的事務，我一定會做出最佳成績。

　　那年不知道為什麼，老師突然指定要我代表班上去參加演講比賽，我在想可能是我很愛講話吧！總之，人生第一次感受到我有種榮譽感和責任感，我告訴自己，既然我要代表全班，就必須全力以赴爭取第一，後來我也拿到了第一名。

　　從那之後開始，我就年年都跟各種比賽扯上關係：畫畫比賽、作文比賽、田徑比賽，還有代表班上參加科展等等，此外，我也是糾察隊長、羽球校隊以及校內廣播社的企劃。

　　這裡不是要炫耀我有多麼優秀或是有多好的出身，事實上，我的家庭環境只是小康，爸爸、媽媽都是平凡的公務人員，只是追溯我那從小就已經發芽的領導魂，我就是不甘於平凡。乃至於後來當我畢業要找工作的時候，原本家裡已經透過關係，安排我去可以捧鐵飯碗的金融機構當實習員工，期盼我待個一、兩年就可以被「扶正」，沒想到非常討厭束縛的我，才第一天報到，就趁著午休時間溜掉不再回去了。因為即便只是一個上午，那種上班的沉悶氣氛就讓我受不了，感到快要窒息了，根本就待

不下去。

　　從小我就不是個乖乖牌，我喜歡參與各種活動，而且還有一點自傲，一方面玩社團，參加各種比賽戰無不勝，另一方面，學業成績也都維持得還算不錯。然而我所謂的喜歡各種活動，也包含談戀愛，在這方面我還真是典型的夢幻少女，不誇張的說，我從國中開始，男友就從未間斷過。

　　結果考高中時成績不理想，後來改去讀私立學校，但我依然繼續編織我的戀愛史。到了考大學時，終於碰了個大釘子，而這也促使我早早就進入了就業市場。

　　說起來，我從學生時代就那麼浪漫不切實際，國三時曾經只因為覺得白衣天使那一身白色制服好美，就衝去護校準備報考，被我媽緊急拉回來。考大學時也夢想著第一志願是廣電系，只因我將來想當個亮麗的主播。我就是這樣內心充滿粉紅泡泡，看起來不像是個企業家，日後也因為我的個性非常容易心軟，總相信童話般的人性本善，於是在創業路上不斷跌跌撞撞。

　　但也就是這樣的我，總是跌倒了又爬起來，我在二十幾歲的時候就已經月入數十萬元，後來更是創立自己的事業。直到今天，我依然扛著企業家的重擔，照顧著許多員工。而我專注的產業，是美容業。

在美容業力爭上游

會投身美容產業，並且後來自立門戶當老闆，我要特別感謝一個美容界的前輩，這裡姑且稱他為Ｈ先生。直到今天，當大家談起Ｈ先生時，還是會把他當成美容瘦身產業的教父般尊敬，我個人也始終對他感恩。

那一年，家人本來想安插我去捧鐵飯碗，結果我竟然第一天就溜走，接著該何去何從呢？我想當美美的主播這個心願已經是不可能達成了，但還有一個也是很美的行業，那就是賣化妝品，於是我便去知名的化妝品牌當上了櫃姐。

櫃姐雖然上班時都打扮得美美的，可是工作真的很辛苦，不但要站上一整天，而且工作時間非常長，特別是假日還有周年慶時節，忙到身體都出問題了，而月薪也才三萬元左右。

剛好那時一個閨蜜打電話問我，是不是還在當櫃姐，她說她現在在一個美容體系裡工作，她問我有沒有意願轉換跑道？我問她一個月收入多少，她竟然告訴我上個月領了七萬元，而且工時比我還短，我當然十二萬分願意換工作啦！

就這樣，我進入那個當年剛創立不久、後來成為臺灣知名的美容美體事業，創辦人正是那位教父級的總裁Ｈ先生。必須說，我並非美容科班出身，如今所有的相關技能，都是那時候在公司

體制內受訓扎根的。

我一開始就是個最基層的美容師，幫客人按摩、做臉，因為我天生就愛與人互動，跟任何客人都能聊，當公司要我們推薦什麼保養品或療程時，我也都秉持著「好康逗相報」的精神向客人介紹，一點都不會感到有什麼壓力，一個檔期下來，竟然不知不覺就成為全店業績最好的美容師。

但那時我發覺，身為美容師有很多規定，不能留指甲、工作時必須把頭包起來等等，可是為何有人可以穿得美美的，跟我們一起工作，甚至領比我還多的錢？仔細了解之下，才知道原來她們是顧問。於是我立刻決定要去受顧問訓，後來也如願當上了顧問，顧問所扮演的角色，相當於一家店的副店長。

可是我後來又發現，明明大家都做內容差不多的事，都是要協助美容師排班，並說服客人愛用我們的服務，為什麼店長每個月的基本薪資和獎金都比我多？於是我又訂定下一個目標，就是要當上店長。

就這樣，我每到一個位階，就發現下一個位階的待遇和福利更好，為了達到那個位階，我就拚命努力爭取，結果我在短短一年的期間裡，就從基層美容師升任為店長，並且因為業績亮眼，我被派去位於重要交通要道的大型旗艦店。

當然，以我的企圖心，我還是會想追求更好的，所以再後

來，我就成為自行創業的老闆。但是在當老闆之前發生了一件事情，也讓我上了一課人生很重要的「老闆學」。

拚命三娘的天真歲月

當店長可不輕鬆，我們每個月有規定的基本業績額，而達標只是最低門檻的要求，若想在全省眾店家中脫穎而出，就必須沒日沒夜的投入，付出許多心力。具體來說，就是要讓老客人留下來，並且介紹新客人，而且希望每個客人多多消費我們的保養商品及課程。

在 H 先生的強勢領導下，我們的工作環境非常競爭，不誇張的說，哪個店長敢休個幾天假，難保銷假回公司時，自己的店已經換了店長。我那時就是個拚命三娘，其實不只是為了鞏固業績，也是因為我從小就養成「得第一」的思維。有一次我不小心染上流感身體不適，但是我沒有請假，而是請診所的護理師來店裡幫我吊點滴。甚至我爸爸過世時，必須請喪假，公司高層來電向我致意時，第一句話是安慰我要節哀，第二句話就是問我明天要回去上班嗎？因此我也在回家參加告別式的隔天，就立刻回來工作。

　　如今想來，當年的我實在太好勝了，生活也嚴重失衡，這是我後來自己成家後絕對要避免再犯的。爸爸過世後沒幾年，我自己出來創業，經濟狀況也更豐足了，我每年一定都會帶媽媽出國旅行，後來結婚生了三個小孩，我也都沒有疏忽掉對孩子們的照顧。

　　但回首當年，我真的太拚了，也必須說，很多在肥皂劇裡看到所謂勾心鬥角的情節，我的職場歷程絕對比那些還要詭譎多樣。不過也正是年輕時這樣職場如戰場的經驗，歷練出我後來可以創業當老闆的火侯。

　　不論如何，當年我才不到二十五歲，而我又是天生浪漫的人，那時我的個性十分天真，很多事情往往只看表面。我們的總裁雖然是Ｈ先生，但集團底下不只有一個企業，每個企業又都有全省分店，所以我只是集團內的一個小人物，一年也見不到Ｈ先生幾次。真正常會見到面的，是我們企業體系的總經理，也因為這層關係，我工作所要負責的對象，其實是那位總經理。

　　Ｈ先生的強勢領導以及脾氣爆躁是業界有名的，只要稍有不順他的意，就會把人罵到無地自容，集團高層也因此有很多幹部被他罵走。有一回總經理也是不慎觸怒龍顏，後來竟嚴重到要被開除的地步。

　　我身為一家店的店長，當時其實也不知道前因後果，就輕易

的被那位總經理煽動，為他打抱不平，甚至還傻傻的去號召一群店長，到 H 先生家抗議。想一想我還真有號召力，我這個年輕女孩就帶著一群娘子軍，去總裁家想「爭取正義」，我一心就把總裁當成壞人，認為總經理受盡委屈。當時我大聲嚷嚷抱不平時，總裁還氣到把枴杖朝著我丟過來，場面相當火爆。也因為場面都搞到這麼難看了，後來我也不得不離開這個體制。

直到我日後自己創業當老闆了，才能體會身為總裁有他經營事業的難題，那只有身在其位才能領略。至於那位我非常信任甚至為了他不得不離開體系的總經理，後來邀我們幾位夥伴一起創業，我們後來在無意間才發現，他做人不夠誠信，而且帳目也都處理不清，當我們後悔原來是我們識人不明時，我的生涯也進入了下一個階段。

兩次事業經營登上媒體

我雖然是情勢所逼才創業的，然而一旦創業，結合我愛「得第一」的性格，很快就做出了一番成績。三十歲前我就兩度因為創業的成功登上各大媒體版面，被譽為開業界先鋒。

第一次被報導，是因為我開創了全新的 SPA 館風格。那年

原本和朋友跟著集團前總經理一起創業，後來發現他不誠信後，我和幾個朋友快刀斬亂麻，認賠幾百萬元的投資金，自己另起爐灶。這回姐妹齊心，事業經營得很成功。

我們是全國首創的「峇里島式會館」，如今全省各地已有很多這類的 SPA 館，當年我們可是引領風潮的第一家，而且我們店內所有的裝潢、布置乃至於餐食，都是從峇里島引進，整套的南洋風休閒女性高級美容保養，也是我們帶起的。那年媒體一報導後，我們的客戶預約滿檔，甚至沒預先訂位的客戶，要在外頭排隊等候。短短不到一年的時間，就賺回了投資的千萬資金，而且我們還能行有餘力，創立第二個事業。

第二個事業再次登上媒體，不過這回是無心插柳柳成蔭。原來我們在事業有成後，感知過往因為種種的職場衝鋒陷陣，失去了生活品質，因此我們都懂得適當調配時間，不再當拚命三娘，況且體系內的員工也越來越多，我們便開始適度授權。總之，當時我們就一邊經營美容 SPA 事業，一邊經常陪著家人朋友在國內外度假。

有一回在日本東京逛街時，發現竟然有所謂的內衣專賣店，其中有很多在臺灣沒見過的新奇款式，像是豹紋內衣等等。我們自己也是年輕人，我更是個內心充滿粉紅夢幻的浪漫女子，一看到這些特別的內衣就覺得新奇，一開始只是想多買幾件帶回去送

給朋友，她們覺得不錯，便託我下次有機會再幫她們多帶幾件。而在因緣際會下，得知我高中閨蜜在日本留學並結婚，她表示願意協助翻譯，因此我也從一開始帶貨回臺分享，後來乾脆在臺灣經營內衣專賣店。

這又是全臺首創，而且我們的店址就選在當時臺北最繁華的西門町，在媒體報導下火速爆紅，年輕女孩趨之若鶩，我們又建立了一個賺錢的事業。

年紀輕輕就事業有成，還可以年收入上千萬元，這儘管是好事，然而也有它的負面影響。當年我們的心態都還不夠成熟，過往歷練的是職場內部的競爭，但以企業商場競爭的角度來看，我們的歷練都還遠遠不足，碰到各種狀況時，也不懂得尋找到最佳的因應方案。

當時很多有心創業的人看到我們做得那麼成功，也都想來找我們，希望可以合作加盟，可是對我們來說，內衣事業並非主業，甚至有點玩票性質，本來只是覺得好玩，沒想到後來竟然能變成事業，因此根本不想還去弄加盟之類的事。

剛好也從這一年開始，身為老闆的我，逐漸經歷了許多的人性考驗。

面對種種人性的不堪

如果不計入前集團總經理的不誠信風波，我真正創業後遇到的第一次重大人性考驗，就發生在內衣事業。

當年我們的內衣事業版圖龐大，全省北、中、南都有據點，也在重要的百貨公司設有專櫃。那一次，我們去拜訪一家百貨公司經理，聊天時對方問道：「請問你們有取得代理權嗎？」老實說，我們只是一般進貨銷售的概念，沒有特別簽訂代理權，我們也不阻止其他人銷售，有本事的人可以自己去進貨。但是一旦牽涉到代理權，那可就茲事體大了，意思就是如果有人取得臺灣的獨家代理，其他人就不能再銷售，就算我們全省都有據點也是一樣。

不幸的是，這件事真的發生了。原本跟我們還是每個月保持愉快聯繫，我們也不吝付出豐厚翻譯費的合作閨蜜，竟然已經在暗地裡和原廠建立新關係，甚至一邊和我聯絡，一邊自己在做展店布局。後來她正式取得臺灣代理權後，我們的內衣事業一夕崩盤，所有據點都變成非被認可的銷售，即使內衣事業一開始讓我們賺很多錢，但最終卻以賠錢收場。

為何最值得信任的閨蜜，後來卻反過來變成傷害自己最重的敵人？事後對方自然有她的理由，邊哭邊說原廠就是指名要跟

她合作，她也是不得已的。不過，她自己背叛朋友，後來也難有好的發展，再之後原廠自己來臺發展，她的事業後來也只好結束了。

之後又發生不只一次這類的事，並且往往都是自己最信任的人，會做出令我感到訝異的事，也往往因為變故發生在內部，令人感到防不勝防的挫敗感。我因為類似的挫折，每次損失的金額從幾十萬到上千萬元都有，但直到如今，儘管遇到這麼多類似的風波，但我依然相信人性本善，只不過我不再像以往那麼粉紅夢幻，該狠心下抉擇的，還是得下抉擇。

另一次也是遇到被我信任的人背叛，那時我的體系裡有三個人，其中兩個還在別人公司時，我一路就帶著的兩個於公是好主管於私是好姐妹，另一個也是當時沒工作，拜託我給他一個職位的主管。因為看到分店的業績好，她們被金錢利誘，竟然誘騙我的大客戶說公司財務有問題，她們合謀鼓吹我們的一個大客戶做金主，打算自立門戶開自己的店，而且趁還在我這邊服務的時候，一邊裝潢新店面，一邊竊取我們的資源，還蠱惑老客戶去他們那邊。

自行創業我並不反對，但是利用我對她們的信任，一手領我的薪資，另一手卻盜用我的資源，這卻是非常惡劣的行逕。我事先都會從小地方發現一些不正常的徵兆，然後透過暗地追蹤，

終於找到證據，我選擇在證據齊全後，於公司員工大會中當場公布，讓她們措手不及之下當場被拆穿。然而我的心裡並沒有任何喜悅，只會為了人性的不堪感到心痛。

如今這些事經過了許多年，回想過往的那些種種，我知道曾有的閨蜜情感並不是假的，只是人性難免都有弱點，當利之所趨，也不免心智被蒙蔽。說到底，這世上有人面對金錢誘惑時，依然能夠保持純然本心嗎？這是個值得深思的問題。

然而我仍舊相信人性，也更珍惜不管經歷任何風風雨雨、高潮低潮，依舊陪伴我到現在的一群姐妹、朋友和員工，老天給的試煉，是為了你能擔起更棒的未來。

我的美容斜槓事業

所謂「不經一事，不長一智」，我也是自己當了老闆後才開始學習怎麼當老闆的，至今我依然還在學習。不誇張的說，我創業至今超過二十年，期間因為碰到種種挫折、失敗、背叛等所付出的學費，高達好幾千萬元。

但即便如此，我不曾因為哪一次失敗就一蹶不振，包括我前面提到的，在我生產完第二個孩子那年，曾遭逢很大的危機，那

次的打擊讓我損失超過兩千萬元，我也依然跌倒再站起來，舊的不去新的不來，我可以繼續創造新的事業。

雖然如今我的事業版圖橫跨兩岸，但一直以來，我專注的還是美容體系，所以當年我的內衣事業雖然以失敗收場，不過那個部分我本來就沒當成是自己的主力在經營。我所認知的斜槓包括兩個面向，第一是專注在一個領域，又可以在那個領域裡做到多元，這是一種斜槓；第二我要強調不同角色的平衡，以女性來說，我覺得扮演好母親這個角色非常重要，其所投入的心思不比我在經營企業來得少。

首先來談事業多元。我從二十幾歲創業投入美容業，到今天儘管過程起起伏伏，也曾經歷過不同的開店收店，還有如八點檔般的人事糾紛，但是我從來就沒有脫離這個領域。我把美容這個產業越做越深入，從最早時候就是基本的按摩 SPA，後來逐步拓展到更專業的解決問題皮膚、全身皮膚困擾處理，以及更多元化且深入的逆齡、凍齡等，並且跟身心靈的美相結合。

具體來說，所謂的美，如果只是外在的美貌，終究是禁不起時間的考驗，因為每個人毫無例外都會變老，各種醫美手術只能打造稍微年輕一點的假象，並且所費不貲。真正的美應該要由內而外，這裡講的包含健康的美以及心靈的美。

健康的美真的非常重要，相信大家都有聽過：「腸胃好，人

不老。」以及「肝若好，人生是彩色的。」這類的廣告詞，實際上也是如此，因此我的美容事業後來發展成三大主力體系：第一個體系，是著重保養放鬆的「Purely Home Spa 會館」，這是許多現代時尚女性想要適時放鬆自己、保養自己的選擇，我們會配合客戶的需求，給予適合她們的保養，做到全身上下全方位的護理呵護。

第二個體系「C28 Purely Beauty」，是針對特殊問題肌膚及全身性皮膚困擾，做全方位的改善，同時 C28 也有服務男性族群。因為擁有非常優秀的產品，並且有博士諮詢的服務，所以針對客戶問題可以得到全面性的改善。另外還有專為女人打造逆齡、凍齡的不老青春專案，透過我們的建議保養，不只外表逆齡、凍齡，經由血液細胞檢測，也可以清楚看到體內的年齡下降。

第三個體系目前正在規劃中，主力是以養生為主軸，以身心靈純真淨化為前提，配合調理食譜的均衡養生及講座，配合一對一的心理諮詢，讓女性不只外表美麗，心靈也越來越健康，成為自己更愛的女人。

有的人可能還不到四十歲時，因為飲食作息不正常，體內器官已經都被搞壞，身體年齡甚至超過六十歲。當身體出了狀況時，還談什麼美呢？所以這個系列是以養生為主，屬於健康保健

的領域。

至於心靈的美，那更是一門大學問，這也是我逐漸推展的另一項事業主力，我和體系內的幹部，已經取得國際心理諮商師證照，我也持續在這個領域進修，取得更多的心靈導師相關資格。這部分也會融入我的美容斜槓事業，追求人們真正的身心靈皆美。

在所有的斜槓中，經常讓我感到窩心的，還是母親的這個角色。從我孩子成長期間，我能做到每個重要場合都不缺席，我每天一大早起床，親自幫孩子做早餐，而且每天都變換不同菜色，甚至有人建議我可以發展另一個斜槓，就是出一本美食食譜。原本孩子中午都是吃學校的營養午餐，我只有準備早餐，有一天孩子問我：「媽媽，可不可以以後午餐也吃家裡的便當，因為你做的菜實在太好吃了，學校的營養午餐遠遠比不上。」

於是我工作再忙，也會撥空回家自己調理午餐，然後再委託幫傭送去學校給孩子。看著孩子健康快樂的成長，他們都感受到我這個媽媽給予的溫暖關愛，這才是我最喜歡的斜槓身分。

COCO 的斜槓指南

站在老闆的角度想事情

對於所有想要斜槓的朋友，我覺得所謂斜槓不應該只是「沾沾醬油」那般，以為只要有參與就算是斜槓。對我來說，要能把一件事做很專業、很專精，才有資格說是斜槓。

可能我對斜槓的標準比較嚴，我覺得每一個斜槓最好要能做到自己主導，也就是你要是該斜槓事業的老闆。如果是專門學問領域，那就要擔任這個學門的認證專業導師。

以做老闆這件事來說，我認為任何的理論都比不上親自嘗試。我二十幾歲當店長的時候，曾經以為我那時的總裁 H 先生是個暴君，不懂得體恤員工。直到後來自己當了老闆，我才深深體會到，如果我當年也是身在 H 先生的位置，我應該也會跟他一樣，對員工的不懂事感到生氣。

仔細想想，若你花了心思栽培員工，所有的設備及培訓都是你提供的，結果你的員工卻用你的資源來對抗你，你難道不會生氣嗎？我也是後來自己經歷過類似遭遇後，才體會到 H 先生的心境。

把所有挫折都當作補藥

如果要把我所經歷過的所有挫折和所有商場上的不如意都寫成書，大概可以出版好幾本教戰指南了。對我來說，挫折就是人生常態，你想要不遇到挫折？那麼可能就要和我當年依照父母的意思，去金融機關捧鐵飯碗，人生就比較不會有那麼多曲折了。

事業做得越大，越可能碰到各種挑戰，一項事業就已經挑戰多多了，更何況如果要朝斜槓邁進，那就代表不只要參與一項事業，挫折肯定常常陪伴你。

然而每一回我都很慶幸，「還好」曾經有過這樣的挫折，讓我的功力又升高一等，下回就可以避開這類的錯誤，同時我的抗壓性也越來越高。

例如我在負債兩千萬的那一年，身為一個母親的我，依然可以在不妨礙家庭生活、不帶給孩子壓力的情況下，大家生活如常的繼續迎接每一天。我也憑著無比的堅強韌性，積極找出新出路，後來去中國大陸也發展出了一番好成績。

把吃苦當成吃補吧！人生路上你會越來越茁壯。最後永遠不要忘了感恩，感恩所有幫助過你和所有曾帶給你挫敗的人，沒有他們，就沒有後來更好的你。

作者個人連結

魔女的秘密
https://lihi1.com/u70nl

沐庭美學生活會館
粉絲專頁

C28purely beauty LINE@

沐庭美學生活會館 IG

夫妻各有事業努力拓展斜槓

各/自/繽/紛/篇

群益期貨 **楊雅純**
我用認真從事的態度迎接我生命每一次提升

貿易及投資達人 Jennifer
堅持到最後，你將成為美麗自信的成功者

鑫喜文創有限公司創辦人 周佳雯
不再傷痛，我要讓人們心靈感受到溫暖

我用認真從事的態度迎接我生命每一次提升

群益期貨 **楊雅純**

❖ 斜槓議題

如何面對更大的任務挑戰？如何做好自己在每次挑戰中
的自我定位？

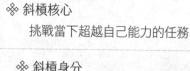

❖ 斜槓核心

挑戰當下超越自己能力的任務

❖ 斜槓身分

金融投資商品業務 / 健康養生商
品銷售商 / 鋼琴師 / 資深遊戲產
業諮詢師

二十幾歲我就擔任遊戲公司客服最高主管，
後來還協助上市上櫃的作業流程。
那時經常有玩家上門來抗議或「談事情」，
我都單槍匹馬出去接待，
有時面對全身刺龍刺鳳的大哥，
身旁還帶著兩個面色不善的兄弟，
我就算嚇到講話微微發抖，
依然寸步不讓，
該怎樣的規定，就照規定。
做人做事一定要有原則，一定要守誠信，
我後來離開服務長達十二年的公司，
也是因為違反我的誠信原則，
之後才另外拓展新的人生。

一腳踏入遊戲產業的社會新鮮人

我經常會思考，人生在世，你要堅持的是什麼？什麼是你面對任何挑戰質疑時最後的底線、最後的精神堡壘？

比較起來，我似乎比較固執，如果講得負面一點，有人會說我不知變通，這無關產業、無關頭銜，而是無論你扮演任何角色的基本原則。事實上，我自己讀書所學的科系，跟畢業至今所服務的產業幾乎沒有什麼關聯，我目前的工作也跟前面十多年的工作性質完全不同。但無礙人們眼中的我，就是那個堅守原則、可以信任的雅純。

我是資管系畢業的，可能也因為程式的世界比較單純，沒有太多商業伎倆或政治權謀那些，就單純把技術做到專業就好。可是後來我還是投入了與人互動的行業，並且一路走來大部分時候都擔任主管，不只管人，並且還管理過很多人。

可能也因為我不是臺、清、交這樣的頂大畢業的，我經常戲稱我念的學校是「偽臺大」（就是臺灣科技大學啦），實際上有習得相當技能，但不是科技產業優先競逐的對象。也就這樣，我後來沒有直接進入科技公司成為程式設計工程師，但我也是到了跟科技相關的遊戲產業，只是我的工作內容跟寫程式無關。不可否認，因為我的資管背景，對我後來不論是擔任遊戲 GM

（客服）或 PM（專案經理），都有相當的助益，至少我規劃遊戲活動時，不會太天馬行空、不切實際，絕對都是程式部門可以配合的。

我會踏入遊戲業的另一個原因，也跟我愛玩遊戲有關，我從小就愛玩單機版遊戲，那是最單純的一人世界，試著在遊戲中過關晉升。當時根本沒想過玩遊戲會成為我的「資歷」，但總之，我因為這樣的背景，在我大學畢業還不是很確定人生該走的方向時，好朋友就引薦我進入一家遊戲公司，讓我從最基層的遊戲客服做起。就這樣，我的年輕精華歲月從二十幾歲一直服務到近四十歲，我都在遊戲產業服務。我在那個時期結婚、生子，後來也在那個時期累積了種種人與人間相處的經驗，包括看見了不同的人性善良面與黑暗面。

其中帶給我最大的體悟，就是人生每件事的發生都有其意義，也許初始會覺得那件事沒什麼特別的，但後來卻會發現，就是因為先有那樣的經歷，才鋪展了通往下一階段的階梯。就好比玩遊戲時，你可能要撿到一把鑰匙，或找到一些寶物碎片，這些物品或許一開始只是帶在身上沒什麼用途，但是到了關鍵時刻，卻攸關你是否能夠升級、過關？

重點是你要認真面對每一個當下，就如同我學生時代的遊戲經歷，後來竟成為我進入職涯的鎖鑰，我每個階段所接觸的新事

物，也成為我得以進入下一個階段的養分。只要夠認真，那樣的養分就越充實。

不論如何，我都很感恩在人生不同的階段，帶給我成長啟發的所有人事物。

年輕女孩扛重任

不敢說自己的職涯經歷就代表著遊戲產業成長史，但的確我的生涯參與了遊戲發展的許多階段，從最早的單機版時代，之後進入到線上遊戲時代，再到更多元的網路遊戲時代，乃至於到後來，結合了物聯網的概念，遊戲與人生虛實交替的元宇宙年代，我都算有參與到。

其實在我進入那家知名的遊戲公司服務前，也曾短暫在其他單機版遊戲公司服務過，不過那應該算是暖身吧！後來我進入這家遊戲公司，也就更加「經驗豐富」了。說起來那家公司（以下稱之為 O 公司）當時還是一間小公司，後來因緣際會的發展下，如今成長為大部分人都聽過的知名公司，也算是另一種概念的時勢造英雄吧！

當時 O 公司還正處在草創期，因此我年紀輕輕的就成為「元

老」，甚至後來在遊戲產業與其他公司或上下游廠商互動時，還被視為是大姐大。

另外，明明我就是個嬌小甜美可愛的女孩，但因為我做事情很有原則，認真的待人接物，不接受任何虛與委蛇，因此當我在公司越來越資深的同時，背後竟然偷偷被取了「女魔頭」的綽號，我也是後來才輾轉知道同事在背地裡這樣子叫我。相信我學生時代的朋友若知道我有這種綽號，一定會訝異的睜大眼睛。

我在O公司是線上遊戲事業的元老，這不只是一種對年資的尊稱，而是我真正從零開始，那時候我是去「成立」一個新的部門。但當時的我只是個年輕女孩，我過往的工作經驗連一年都不到，哪有資格成立什麼新部門啊！當時我眼前有兩個選擇，我可以說：「不不不！你們太抬舉我了，請另外找別人！」，也可以硬著頭皮接受挑戰，成立就成立，誰怕誰啊！

沒有考慮多久，我選擇了後者，從此迎向忙碌的人生，並且大老闆們總會習慣性的丟一些超越我原本職責的任務給我，彷彿丟一個全新的任務給這個女孩，讓她自己去想辦法解決，是很理所當然的一件事。我也因此變得越來越忙，但是我從不後悔經歷這樣充滿挑戰的職涯生活。

我對我的權力負責

　　所謂成立新部門，真的就是從無到有的概念。這個新的遊戲事業部門，人事及工作管理規章是我草創的，遊戲營運的玩家守則是我訂定的，公司最早的網站雛形是我設計的，公司裡許多的「第一次」，都是由我制訂或開啟的。

　　如果是你，今天有這樣的機會讓你什麼事都「你說了算」，你會感到高興還是惶恐呢？可能二者兼具吧！畢竟就如同知名的漫威宇宙電影《蜘蛛人》系列裡的臺詞：「能力越大，責任越大。」當你擁有更多權力的同時，你也就必須承擔更多的責任，我願意承擔責任。

　　既然我有這份榮幸，被上級賦予夠大的權限，我覺得我不能用得過且過的心態，單純去拿別人的範例來照抄，我要融入自己的理想。

　　從前玩遊戲時，我最討厭外掛，因為那樣非常不公平，大家都很認真在進行遊戲任務，花時間去打怪積點，你怎麼可以用外掛程式，不勞而獲讓電腦幫你玩遊戲呢？因此當公司賦予我權限後，我立刻對公司所有遊戲訂出嚴格的管理規章，不合理的事我一定要來主持正義，凡被抓到使用外掛程式的一律停權，並且封鎖玩家帳號。

　　也就是因為我這樣子的正氣凜然，加上嚴格執行毫不寬貸，在我擔任客服經理的那段歲月，我碰到許多次玩家登門抗議的情事。而我也總是「一人做事一人擔」，不論對方是小屁孩還是黑道大哥，我都自己一個人去面對，也堅守公司立場。有時候覺得自己有點像是關羽單刀赴會的氣概，只不過關羽當年一定沒像我這般，一邊邁向接待室，一邊壓力大到雙腿簌簌顫抖。

　　時移事遷，當年的規定如今看來已經不合時宜，現在大家玩手機遊戲時豈止是外掛，根本都已經建立內掛了，也就是當你在工作或忙其他事情的時候，手機裡的遊戲都還繼續進行著。無論如何，在每個當下，我就是認真做好當下該做的事，規定怎麼樣就怎麼樣。我不投機取巧，也不敷衍行事，這樣的我因為做事有原則，所以就算我去指責別人，對方也只能心服口服，因為我做得正、行得直。

　　我想「正直」這件事非常重要，只要你夠正直，就能讓人脈資源累積，所以之後我就算轉換到其他產業，包含健康養生產業以及金融投資理財產業，我過往的朋友及客戶都願意支持我。他們不一定看重我的能力，但肯定信任我的人格

　　做人做事守原則、重誠信，放諸四海皆準，我一生奉行。

從當主管那天開始學會如何當主管

現在回首十年前的我，有時候會覺得，當時的我也太堅持了，怪不得會被同事稱為「女魔頭」。

不論如何，現在的我依然把正直誠信視為很重要的價值觀，差別只在於我的個性已經變得比較圓融，知道有很多事可以堅定自己的主張，但態度可以放軟，如果轉個彎同樣可以到達目的地，其實做人也不一定非要這麼硬碰硬不可。

這些轉變都是我在職場歷練出來的，之所以有更多的機會歷練不同的經驗，一定是基於前一個任務表現得很好，這跟我一直以來的理念是相符的：先認真做好當下的事，你有好的表現，自然會有更多的發展之路等著你。

最早時候我就是個遊戲客服主管，雖然是主管，但當時公司只有一、兩款遊戲，我部門的人從兩、三個成長到十幾個。後來隨著大環境的改變，線上遊戲已經是年輕人生活的一部分，公司的遊戲數量也成長到七、八款之多，我當時要管理的同事人數超過五十位，而且絕大部分都是比較年輕氣盛、個性比較浮躁的年輕人，說實在的，我自己那時候的年紀也沒有比他們大多少，甚至有好幾位客服同事的年紀比我還大。

那時候我才知道，有些事不是單憑有毅力、有擔當即可，如

何處理人與人之間的問題，那才真是一門大學問。光是排班的事就可以吵翻天，然後誰誰誰對我凶、誰誰誰事情都沒處理好就丟給我、誰誰誰跟男朋友吵架心情不好、誰誰誰正在生悶氣整天哭……，有時候覺得自己彷彿變成了幼兒園園長，要照顧幾十個小朋友，但是事情發生又不能不處理，搞得自己時常心力交瘁。

這時候，同樣的我也有兩個選擇，我可以表明這裡是公司，反正大家按照規定把工作做好就對了，其餘不用廢話；我也可以讓自己勞心勞力，一個一個去安撫，一件一件事情去排解。再一次，我選擇了較困難的選項，收穫則是我的人生經驗值又提升了，乃至於我後續可以勝任更多元的任務。

我是一邊擔任主管一邊學會怎麼當主管的，最大的學習就是，工作除了專業學問以外，還要學會情緒管理的學問。

那幾年，公司客服部同仁都是我一個個親自面試來的，我過往沒有人資背景，但是從那時候到現在，我已經累積了相當的識人能力，這對我日後從事金融行業時，如何判別客戶的投資屬性或者講話有沒有誠信，都有相當大的幫助。

面對更多的責任與挑戰

大約三十歲的時候，我面臨到了人生更大的壓力及挑戰，我想這也是許多女性會面臨的狀況，那就是家庭與事業同時有了重大的轉變。我在那時結婚，不久後有了自己的寶寶，同時間隨著公司的營運規模越來越大，我也被賦予不同的重任。當你同時要照顧自己的家庭，卻又在公司轉型時期扮演重要角色時，這就是我人生新階段的難關。

先來談公司的部分吧！那時候遊戲生態已經逐步由傳統線上遊戲轉換為網路遊戲，並且有越來越多人投入手機遊戲。但是各種年代久遠的線上遊戲，還是有相當的玩家，這時候公司做了一個決策，我雖然是客服部門主管，但是公司要我兼任營運企劃的工作，反正這些老遊戲都有基本客群了，只要做一些常態性的活動就好。

說是這樣說，其實我還是得重新去學習很多行銷相關的事情，畢竟身為營運企劃，那就代表如果遊戲營收降低，我可是得扛責任的。我不敢小覷這項任務，那時很用心去學習怎麼做產品分析，怎麼做活動前規劃。

結果我本來只是「兼」著做，後來卻變成了公司主力的營運企劃主管，我不像從前只要管好我的客服部小朋友們就好，我

還必須去跟各部門協調，每天忙著與程式部、設計部開會。這時候「元老」的身分就顯得很重要了，我雖然比起其他部門大部分的中高階主管還要年輕，但是我的資歷讓我講起話來有足夠的分量，這也讓我可以更有效率的做好各部門溝通協調。

接下來我被賦予的任務就更多了，包括代表公司飛赴海外，跟韓國原廠談判。我也看多了許多人訝異的眼神，第一眼以為我是哪個主管的助理，直到後來知道我是公司的高階主管之一。之後公司準備上市上櫃，以及公司集團化，還有更多元的拓展，每一個公司轉型的關鍵時刻，我都是站在第一線的重要幹部。

不過再怎麼忙，我都沒忘了我一個更重要的角色，我是一個孩子的媽媽。如果說在事業上我必須堅守本分，把每一項任務扮演好，那麼，媽媽這個角色是一輩子的，我更要做到最好。

照顧孩子這件事，跟我後來離開服務多年的遊戲產業有關。並且我後來離開 O 公司，也還基於跟我做人做事原則相關的重大考量，也就是正直與誠信。

我為何離開遊戲產業

　　當我有了家庭後，我變得更加忙碌，晚上也無法時常加班，但這是時間分配問題，我會設法調適，可是若是牽涉到基本誠信價值，我就比較難以接受了。

　　我是 O 公司的創業元老之一，看著公司一路成長茁壯，後來抓住 FinTech（金融科技）趨勢，公司算是臺灣很早就投入電子錢包、虛擬貨幣這塊的企業。當時公司已經集團化，那家 FinTech 概念公司已經是另外的名稱，另外一批經營者。我當時就明顯感覺到，原本的遊戲事業部分，似乎逐漸成了孤兒，我覺得公司多角化發展沒有什麼不好，但公司對於過往一起同甘共苦的這批人，應該也要有照顧責任，但實際上卻沒有。

　　那年我剛生產完，產假結束一回到公司，我所承接的第一道命令，就是要我縮減遊戲部門，可不是淘汰幾個人的概念，當時是要我裁減一半的人員。更後來，裁減的人數越來越多，遊戲單位全盛時期有兩百多人，最終竟然只裁到剩下二、三十人。

　　當我受命裁員時，最痛苦的肯定是自己，因為所有同事都是我親自面試進來的，有的資歷都快十年了，在職期間也沒犯什麼錯，只因公司轉型就要被淘汰掉。我無法面對誰該裁、誰該留的抉擇，我當下直接跟老闆說：「就把我列入這份裁員名單吧！」

　　結果我不但被大力挽留，而且還被調派去協助為那家 FinTech 公司規劃制度。我後來心軟，畢竟職責在身也無法說走就走，後面的事沒人善後這不是我的風格，但是當時衝擊我的一件事就是，從前我總是想著如何把事情做好，卻忘了去思考未來怎樣對我最好？

　　我覺得這也是許多現代職場工作者的通病，以為盡忠職守就可以換得幸福白首，但不論是職場或婚姻，都沒有必然的平順到白頭，更何況我們是科技相關產業，大環境的變動是相當快的。那時候在我心中也響起了一個聲音，我問自己：「雅純，你現在還是公司的重要人物，但五年後、十年後呢？放眼遊戲界，人家玩遊戲的都是年輕人，你到了中老年人時，還能跟這些年輕人一起玩遊戲嗎？若不玩遊戲，你可以跟年輕人打成一片嗎？那個時候的你，還會被公司重視嗎？」

　　當時我就已經醒悟，我無法在遊戲公司待一輩子，並且當年還有其他攸關誠信的事，那就是有關公司對員工承諾的股票分紅等事情，也牽涉到有人因為相信公司的話認購自家股票來做投資，後來卻失利慘賠，細節就不方便公開說太多了。

　　也許那方面牽涉到投資眼光、進出場時機的層面，公說公有理、婆說婆有理，無論如何，這讓我對公司的信任打了折扣，既然已經觸動到我的價值觀底線，後來我就正式離開遊戲產業。

感恩成功中年轉型

我為何那時要離開遊戲公司？除了一些人事及理念因素外，背後還有更多對人生的整體思維。前頭說到那年我剛產假結束，回到公司的第一個任務就是裁員，那時我是很痛苦的，加上剛生完小孩，我得了產後憂鬱症。

直到我先生發現我的狀況不對，鼓勵我就醫，並給我許多支持，經過一段時間慢慢吃藥後，憂鬱症的狀況才比較好轉。然而對我來說，要進公司上班這件事，已漸漸讓我感到越來越無法樂在工作了，而公司大裁員事件也讓我想了很多，一個人收入再高都不值得羨慕，因為有很多狀況你不得不面對。我也真正體認到，公司老闆只能給你一個「位置」，卻不能給你「未來」，這也就讓我萌生想要離開的念頭。

隨著公司裁員，留下來的人力顯得工作更加繁重了，而我的小孩也漸漸長大，夫妻倆又經常面臨到同時都得加班的情形，但小孩要有人接她下課，後來只好我在下班時間先去幼兒園把孩子接到公司，隨便弄點東西給孩子吃，然後讓她陪著我加班。

這也讓我回想起我還沒有結婚前，曾看到公司的同事，他們夫妻倆都在同家公司上班，並且身為主管，兩人工作都很忙，幾乎天天要加班。我那時就這樣看著他們的小孩，一路從幼兒園成

長到小學三年級，都是這樣每天下課後被接來公司，無奈的陪著爸媽加班。

印象最深刻的一個畫面是，某個加班日的晚上八、九點，那個小女孩坐在媽媽前面的空位上，便當吃到一半沒吃完，整個人累得趴在桌上睡著。當時自己也在加班，工作忙碌並不覺得有太大感觸，只是覺得小孩有點可憐，直到後來自己當媽媽後，回想起那個畫面就感到有點哽咽，內心決定我不想步入這樣的後塵，剛好公司發生了前述那些事件，我也就跟老闆漸行漸遠，後來離開了這家公司。

一個三十七、八歲的女子，中年轉業其實是很大的挑戰。離職後，我決定先幫自己充電，有去考駕照，也去上補習班參加國營事業考試，記得那一次我來到第二階段面試，面試官就提到，我怎麼年紀那麼大還來考國考？這中間的歷程也讓我更加思考自己的生涯處境，我該找的是長遠的職涯才對。

原本我在還沒離開遊戲產業前，就有常態進行理財投資，我覺得金融產業是比較可以長久的，不像遊戲產業，可能公司及產品都會被淘汰，而且必須沒日沒夜的工作。金融產品也許會改變，但是金融業不可能消失，後來我正式加入金融業，也認真經營這個領域，並且成為網紅「理財太太」，讓我有機會學習怎樣做個好業務，也更專精於如何投資。

因為我有先前那麼長的遊戲公司經歷，因此在跟客戶往來時，會比年輕業務更懂得跟客戶互動，而且也不會太過業務導向，畢竟那不符合我的個性，正因為如此，我的金融業務成績一直還不錯。

此外，隨著我和先生的年紀漸長，我們也擔心生涯未來，我思考著如何增加額外收入？剛好我之前去補習英文時有認識一位朋友，是知名的葡萄王生技集團保健食品經銷商，我在食用過他們公司的產品後，發現真的對我有幫助，包括我從小就很容易暈車的體質，以及經常性的貧血問題，竟然都在服用該系列產品後，有明顯的改善。

在此之前我也接觸過許多的傳直銷，但是都沒有投入經營，原因在於我無法推展我自己不夠認同的產品，但是葡萄王生技旗下的傳直銷品牌葡眾，是我親自見證對我有幫助的產品，所以我樂於分享。也因為這樣的認同，我把好東西分享給朋友，也拓展了許多的好夥伴，這讓我每個月又可以多了好幾萬元的業外收入。

現在的我很自豪，雖然中年才轉業學做業務，但是我選擇的兩大主力項目：投資理財跟身體保健，都是人生很重要的課題，我算中年轉型成功，從過往的遊戲產業，轉型到如今的理財太太，算是轉換很大，而且我現在還獲得了以前沒有的東西，那就

群益期貨 楊雅純

是時間上的自由分配。我還不敢說財富自由，但是相較於以前遊戲公司那種幾乎天天加班的景象，現在可以自己去做時間分配，我真的很感謝自己敢於轉換跑道。

我最認真的身分是當媽媽

關於我的故事最後，我想講的是我最認真扮演、也會扮演一輩子的角色，也就是我如何當好一個媽媽。我是直到自己當了媽媽後，才覺得女性真的很偉大，特別是像我這樣曾經在企業當過高階主管的人。我知道我的能力並不差，但是當面臨轉型到更高階層的抉擇時，有孩子的女性覺得無法像男性一般，可以那麼義無反顧的投入更多心力在事業上，我永遠無法讓孩子成為生命中次要的選擇。

說起斜槓，我要說，這哪是這些年新興的觀念？幾千年來，只要當媽媽的，哪一個不是斜槓？

我愛孩子，我願意陪伴孩子成長，但是我的陪伴不是指「陪在身邊」而已，我是真的要跟孩子一起成長。例如我要教孩子英文，我就自己每天都去上英文課，後來我的英文都變得可以跟外國人溝通無礙的程度。我要孩子吃得營養、吃得健康，但是我

並不是從小會煮飯做菜的女生，我是有了孩子才讓自己變成廚娘的。因此我也下了功夫去學廚藝，我去媽媽教室學做菜。

還有我要孩子有音樂涵養，因此我就自己去學音樂，然而音樂不像其他技術，可以在短時間內速成，還好我原本就有一些音樂底子，這都要感謝我的爸爸、媽媽，我的原生家庭家境還算不錯，所以我從小就有學鋼琴，只不過後來進入職場後，就完全中斷學習，很高興我發現小時候植下的根基沒有被抹滅。我那兩年也去學了鋼琴，然後發現自己很快就能上手，找回了我對音樂的感覺，自己就可以擔任孩子的鋼琴老師。甚至如今我的斜槓項目之一，就是兼職的鋼琴家教老師。

其他要列的還有很多，為了幫孩子建立正確的理財觀念，我自己當然也要擁有理財專業。而這部分我就做得更徹底了，我不僅學習一般基礎的股票交易、基金投資，我還學習難度更高的衍生性金融商品，並且取得證照，在群益期貨服務投資人。我的遊戲人生到後來轉型為金融人生，不論怎樣的人生，我都認真從事，認真的過自己的人生，也願意用心指導大家如何擁抱更美好的未來。

請叫我「理財太太」，希望正確的財務規劃豐富你的人生，最後送給讀者一句我在職場的體悟：「我們理的不是財，我們理的是人生。」

雅純的斜槓指南

對於人生，我想我不斷在強調一件事，那就是認真扮演好你的角色。

我對認真的定義是，假設今天你可以做到十分的成績，你在崗位上就要做到十分，甚至有機會讓自己超越十分。你既然選擇了這份工作，就該全力以赴，不需要留一手。你如果想保留實力，讓自己多休息一些，或者拿這些時間來做其他的事，那都是不負責任的。

這樣的邏輯似乎很難做到斜槓，畢竟所謂的斜槓，就是一個人要懂很多領域的東西，怎麼可能專一從事呢？但其實斜槓跟認真一點都不衝突，第一，你可以做好時間分配，例如白天把公司的事情做好，晚上回家把孩子照顧好。第二，你可以讓不同領域的資源交流，把每一件事做得更好，這樣彼此就有加分效應，與斜槓並不違背。

不過總體來說，上班族制度比較不適合斜槓，畢竟上班就是和老闆簽契約，在打卡進公司到打卡下班這段時間內，理論上你不該斜槓，因此比較起來，業務性質工作是比較合適的。

例如我現在在群益期貨公司的工作屬性也是業務性質，

收入主要來自於業績，這就無礙於我發展其他斜槓。我現在也有從事健康養生產業，銷售葡眾保健商品，但都是在服務客戶，我的客戶需要健康，我的客戶也需要理財，都需要我的服務。

　　總之，認真做好每件事，辛苦絕不會白費，你現在的生活，就來自於你過往的努力所累積，同樣的，你未來的幸福，也掌握在此刻的認真。

作者個人連結

理財太太網站

mrsfx888.info

理財太太 LINE 社群

理財太太臉書粉絲專頁

理財太太 LINE@

堅持到最後，你將成為美麗自信的成功者

貿易及投資達人 Jennifer

❖ 斜槓議題
當不被看好，當壓力重重，要如何突破自己，達到自己
想要追求的境界？

❖ 斜槓核心
用堅持毅力撐過最煎熬的時候

❖ 斜槓身分
國際貿易事業 / 新創貿易公司 / 兩岸投
資達人 / 咖啡廳股東

那時候壓力真的好大，
我幾乎就快要選擇放棄。
家中分別是一歲及二歲的娃兒同時哭鬧著，
電話裡廠商正在等我的回覆，
而明天我預定要搭機飛往對岸。
每天我都像被壓迫到極限，
多重角色不斷切換，
也想扮演好每個角色，
心力交瘁讓我快要失去自我價值感。
但終究我選擇堅持努力沒有放棄，
終於我熬過那段最艱難時刻，
守得雲開見明月。

畢業後闖進忙碌的都市叢林

　　現在若有從前的朋友看到我，很多人一時間會認不出我來，因為我的變化真的很大。二十歲時較沒有信心，每天起床後想到要面對壓力重重的一天，心裡就覺得沮喪，從我身上看不到會有什麼鴻圖大展的跡象。

　　而今我算是事業有成，在兩岸都有資產投資，在臺灣也有經營公司，同時是包含餐廳及電信事業的股東。三十多歲身材纖細的我，不敢說自己美麗亮眼，但至少我對人生充滿自信，每天起床都迫不及待想著，今天我又可以幫助多少人。

　　我是怎麼撐過那段歷程的呢？這裡我來分享一路走來的心路歷程。我是外文系畢業的學生，當時之所以會選擇念外文，自然是因為我知道，語文能力好就可以有更好的工作機會選擇，能夠進入外商公司服務，薪水能比本土企業高。

　　幸運的是，我畢業後很快就找到一家外商公司，只不過我的高興僅止於前面幾天，後來才知道這份工作需要常常加班熬夜，趕工報告進度，薪資除以工時，時薪並沒有比較多，而且還賠上了健康。後來轉換到另一家公司，因為我的外文學歷，我錄取了貿易公司，企業界普遍的現象是，在充滿競爭的市場，必須花很多時間才能生存，個人的工作效率也需要非常迅速。

原來職場就是這樣？

在現代社會中，薪水和工時往往不成正比，因為工時加長代表更多生意，而員工也變得很忙，通常一人得身兼多職。

貿易公司是典型的一人多工企業，因為貿易賺的是買賣之間的差價，利潤抓得很緊，過程中任何一個疏漏，都可能讓微薄的利潤空間被吃掉，甚至變成賠本的生意，所以不太可能聘請太多員工。

我們被要求最好是每個人都能做到一條龍服務，從最初的詢價、報價、書信往返、規格討論，到正式下單、開信用狀、跨國匯款以及出貨驗貨，直到最後的送運及報關流程，都要能獨立處理。

儘管我大學時學過商用英文，也學過貿易實務，然而實際上戰場才發現，理論跟現實還是有一段差距，那時被迫快速學習成長，要快到能夠自然反應。當看到原廠的報價時，腦子在幾秒鐘內就能轉換出我們該乘以多少百分比，做出怎樣的報價？如果一個計算錯誤報錯價，將會影響商譽，因此一整天下來工作壓力都滿大的。

當時我服務的貿易公司主力是做工具機，我必須去學習許多工程相關用語，並且經常得洽商兩岸的工程人員往返，包含訂機

票及做好窗口對接，往往深夜都還在聯絡相關事宜。我期望每張訂單都能順利按照行程交貨，但總是會有些狀況，可能是報關流程出問題、貨物卡關了、可能是工廠交期進度延後、可能是合約裡的某個條款彼此認知不同……等等，從海關到機器安裝，每個環節都有各種需要處理的問題，讓每天加班的我覺得，難道這就是我要的生活嗎？

另一件帶給我更大職涯打擊的，卻是心理層面的，我感受到職場上的現實，當我認真付出花時間於工作上，往往被視為理所當然，默默做事的人也被默默忽視。我知道當碰到這樣的「職場醒悟」時，有些人變得自暴自棄，把學生時代的夢想整個拋棄，但是我覺得人生雖然痛苦，就要找方法突破。二十幾歲的我，當時做了兩件事，一個是經常找機會上課學習，一個是多多接觸成功人士，那時候因緣際會透過朋友的引薦，加入了一個會員審核嚴格的商貿商會。這兩件事也攸關我後來人生的正向轉型改變。

忙到不知道自己在做什麼？

改變是必然的，而改變的初期也必然是痛苦的。以我的例子來說，原本工作就很忙了，當時我又剛結婚，有了自己的家庭，

又要幫自己在忙碌的行程中，安插兩件常態的事，商會必須撥出相當的時間投入，學習是突破人生瓶頸的必要，報名的課程不能中斷，否則前功盡棄。於是我迎來了人生相當黑暗的一段時期，心力交瘁的我，幾度想要放棄努力，跟著大家隨波逐流。

其實那時候我已經為了新的工作模式做了調適，希望有更多時間投入上課，也撥出相當的時間去參與商會，結識人脈，並在成功人士的指引下，我開始參與海外投資。那時兩岸經貿越來越蓬勃，遍地都是商機，我也持續洽談商機，但是忙碌追求新發展的代價，初期的確必須投入許多時間心力，也無法樣樣事情、各個層面都兼顧到，當受到質疑時也很無言。

那段時間，我先生在竹科工作，我則是在臺北工作，我們夫妻相隔兩地，難得假日先生回家時，我卻因為假日排了滿滿的課程或會議行程，事業和家庭失衡。那時候的我真的很痛苦，很多事情無法兼顧，有時候深夜回到家，家人都已入睡，看著時鐘上的螢光指針，我會問自己：「Jennifer，你的人生到底在幹嘛？怎麼搞得一團亂？你可以做怎樣的選擇呢？」

但內心裡就是有個聲音跟我說，我的人生不只是這樣，人生很短暫，我就是要開創不凡的人生。於是第二天，我依然抱著疲憊的身軀，翻開我那密密麻麻的行事曆，繼續精實的度過一天。

找到及顧好人生四大面向

漸漸知道生活是必須取捨的，但必須取捨得有效率。我有四大面向必須照顧：家庭、事業、理財以及成長，這四項我都不能放棄，因為放棄其中的任何一項，人生就不再圓滿。

比較起來，工作這一項占據每天最多時間，許多人經常忙到無法思考，有的人最終就是因為工作這個項目沒做好，以致拖垮了人生的其他面向。

我家中剛好有貿易資源，運用商業資源，跟歐美對接生意。雖然是小公司，不過已經有穩定的客群和已簽約的供貨商，我很專注用心投入貿易事業，持續精進自己各方面的能力。並延伸相關產業的觸角，讓我有機會創業。

當你現階段處於多重角色的切換，你能扮演好每一個角色嗎？我的建議是，想清楚你現在所在位置是正確的嗎？就好比我們出去旅行，你開車要開往正確的方向，不要開了老半天才發現走錯路，如果你確定方向是對的，確認了目標後，排除萬難也要達成。

我在壓力最大的時候，也是先審視這件事，我目前的選擇是對的嗎？是否每件事都能相輔相成取得平衡？如何兼顧家庭和事業呢？我相信當我把工作打好基礎、真正做好的時候，也會反饋

回家庭。重點是過程中不能忽視家庭，再忙我也必須關愛家人，那時我已經生孩子了，並且在短短兩年內，兩個寶寶接踵而來，我同時扮演好多的角色，但是我依然沒有放棄原本選擇的目標。

那時候我有多忙呢？商會每年要出國四、五次，需要跟著不同的合夥人一起去對岸了解商機，尋找投資機會。而我在自己的貿易公司裡，扮演著很重要的角色，也是得經常出差，每次長達十天以上。也就是說，我每年因商會跟貿易公司而出國的次數，加起來高達七次以上。

在商會的時候，我還在學習階段，先生後來自行創業，也正是最忙的時候，我只得一個人推著娃娃車，把兩個孩子帶去開會現場，卻也降低了會議的效率和品質。

在貿易公司部分，有很多實務需要學習，包括產品的規格與製程技術，剛開始的時候，自己明明應該是負責掌控全部事情的公司代表，但我的表現卻相當緊張，而且相當不專業。為了要把握機會，生產後六個星期就陪著外國客戶拜訪臺灣工廠，之後也經常陪著外國客戶去中國大陸拜訪工廠。

我有一點「恐機症」，加上因為剛生產完沒多久，身體尚未完全恢復，有時候搭飛機時，暗夜裡航行在高空，坐在搖晃漆黑的機艙中，我一邊看著窗外無盡的雲海，一邊想著自己為什麼坐在這裡？我好想抱抱剛出生沒多久的孩子啊！就這樣一個人默默

流著淚，直到飛機降落到目的地。

挫折使人成長，我依然堅信自己走在正確的道路上。

改變一定會發生

改變不是一朝一夕，但終究改變正在發生。忍人之所不能忍，方能為人所不能為。那時候我剛創立貿易公司不久，我知道自己還有很多該學習的地方，於是我要求自己，不懂的專有名詞要全盤了解，我們做的是電子零件相關貿易，學語文出身的我，不熟悉電子零件相關術語，因此要從製程與累積的經驗中學習。

我嚴格要求自己遵守紀律，我發現如果要經常接待外國人，我的實力是不夠的，於是我加強自己的英文並自律學習，每天早上六點固定早起開始自學英文，同時也趁早起床協助整理孩子上學的東西。滴水穿石，目前我已能說一口流利的英文，開英文會議也都是扮演關鍵角色，協助解決問題並報告進度。

提供客戶最高效率的服務，持之以恆幾年的經驗累積，能夠精準的處理事情，也與廠商和客戶維繫好關係，整合各種優勢並提供完整的分析與報表。有信心能與廠商和客戶協商更好的方案，積極認真完成事業上的目標，我的貿易事業已經駕輕

就熟了。

我很高興能夠親自聽到來自客戶的讚美，外國客戶一路看著我蛻變，他們說：「Jennifer，你真的越來越不一樣了，現在的你讓我們願意放心將工作交給你，我相信你可以幫我們把任務都達成，每次見到你都發現你更加進步精明！」

是的，那段路程不容易，但是我撐過來了，靠的就是堅持。如今的我，不再是默默做事的員工，我可以很有自信的表達自己的意見並且協商，我也經常在商會受邀上臺分享自己的經驗。

我堅持要提升自己，把自己變得更好，我的人生四大面向：家庭、事業、理財及成長都有更多正向循環，而我發現健康及快樂，也都跟這些成長有密切相關。

轉型來自於設定目標及堅持改變

就在那短短幾年期間，我從一個沒有自信、做事無法讓人放心，甚至體態沒控制好、有些過重的女子，成功轉型成一個專業受人肯定的新時代女性。不但在不同領域斜槓做出成績，也能同時兼顧好家庭、事業、身體健康及理財等不同面向，是個受到讚譽的企業家及好媽媽。

我有幾個轉型的關鍵，這幾個關鍵說起來沒什麼，重點在於是否能落實。

第一、目標設定

這已是老生常態的成功要素，但我知道許多人往往對自己太好，設定目標後就算沒完成，也就放任繼續這樣，結果有目標等於沒目標。對我來說，我是一旦設定目標，就會「排除萬難」去完成。畢竟目標就代表一定的難度，如果碰到阻礙就縮手，人生又怎能前進呢？於是我的目標達成率幾乎是九成九，當然我們無法凡事都百分百，但我一定盡力去追求達標。

這自然是由生活中一個個小目標設定開始，這些小目標基本上就是追求百分之百達成，然後逐漸累積成中、長期目標，並且建構成人生夢想。

我所謂的目標，不只是針對工作、針對事業，包含家庭層面、學習層面乃至健康層面，我都會設定目標，而目標的達成，則攸關接著第二大成功關鍵。

第二、自律

大部分的目標都是由一個個小目標所構成的，一開始就讓自己願意按部就班，百分之百實踐自己的承諾，自然而然就可以累

積成大目標，而那需要嚴格的自律。

我的兩個最典型例子，就是語文學習及運動瘦身，這兩件事都不是一朝一夕可以完成的，若設定目標要在一年內讓英文可以進階到怎樣的實力，或是體重維持在標準 BMI 值……等等，將之落實在日常生活中，就是「每一天」都要確實做到。如果動不動就幫自己找理由，告訴自己今天「暫停一次」，那樣子是無法成就目標的。

我總是嚴以律己，例如多年來我不論多忙多累，已經養成一大早起床學英語的習慣，使我真正成為在商場上可以跟外國客戶對答如流的人。另外，我每天規律飲食及運動，也讓我的體態甚至比年輕時還要好。

第三、從心改變

一件事如果不是打從心底有意願做到，就算勉強自己去完成，過程也會感到很痛苦。人生為何要讓自己那麼痛苦呢？所以我所設定的目標，都是為了追求更好的人生，我了解這些目標的意義，因此落實起來就不會感覺到痛苦。

我有強大的信念，覺得奮鬥的前幾年比較辛苦，但是我可以因此達到我想要的人生境界。其實那也不是什麼奢華的境界，而只是一種想要讓自己「生活得更好」的境界，具體來說，就是過

著自信、有選擇權、有底氣、經濟獨立的境界。

特別要強調的是，女性一定要學會獨立，不要依賴什麼靠山，如果完全依賴靠山，萬一有一天靠山不在了該怎麼辦？我告訴自己，生活要過得更好，但不是去跟別人比，而是今天的自己跟昨天的自己比，我在心中建立了強烈的動機，知道當我願意改變時，我就可以改變。並且隨著自己在事業及商會等領域擔任較高的領導角色，我更要以身作則，藉由改變自己進而影響他人。

這樣子的我，可以開始過自己想要的生活，不像以前常常因為不好意思拒絕別人，去做自己不那麼想做的事，例如為了人情，去參加一些諸如路跑等活動，但我明明事情都忙不過來了，還要花時間去做那些自己不愛做的事，這是我以後應該避免的。我想讓自己更有底氣，更有選擇權，在商場上，我可以自己選擇我想跟哪個廠商合作；出外洽公或旅行，我也可以依自己喜好選擇是否搭頭等艙，總之我要做我自己，這是我改變的內心動力。

第四、把握時光

人生苦短，要把握每一刻去做跟「成長」有關的事。只要有心，曾經努力過的工夫都不會白費，包括你用心教導小孩，也會展現在孩子的學習成績上。

我因為事業及商會事情都很忙碌，因此格外珍惜時間，絕不

會太過投注工作而疏忽孩子的教養。我不會花太多時間看電視，但是會花時間陪家人，當然也不是說都沒有休閒活動，假日我還是會放鬆一下，但盡量不做那些沒意義的事。

時間花在哪裡，你的成果就在哪裡，並且隨著時間的累積，這樣子的成效會更加明顯。不要抱怨自己不如人，現在的你來自於過往每一天、每一個小時的累積，把握每一刻光陰，用在成長學習上，你會看到更好的自己。

蛻變，我已經是不一樣的人

具體來說，我從壓力最大的黑暗期，慢慢轉型到如今的自信與亮麗，就是基於以上四大轉型關鍵。在這四大關鍵中，我建議讀者立刻從心做起的就是「自律」，因為我看到許多人空有夢想卻總是無法達成，起因皆是缺乏自律。

自律的人自信，因為相信自己能做到什麼。

自律的人也自由，因為可以掌控自己的每一分鐘。

若沒有自律和自我要求，那麼再怎麼轉換跑道都會覺得沒有成長。有些年輕人在職場上遭遇到一點小挫折時，動不動就想離職，可是他自身能力一直沒有提升，這樣去到其他公司也一定還

會碰到挫折，並且很可能是一模一樣的挫折。若想跳脫原本的挫折門檻，就要透過自我學習及自我要求。

我常態性去上課進修，有些課程跟我的工作直接相關，例如語文及業務力，有些課程則是跟投資理財有關，因為投資理財也是改善人生很重要的一環。但也有些課程看似跟工作及投資沒有相關，像是一些身心靈方面的課程，但是如果能改變自己的心境，在生活及處事上的思維也會有所不同，總之，透過學習可以做到改變。

當你的能力到位了，處理事情的效率就會更高，也會結交到更多朋友，因為大家更信任你，同時也願意支援你。我在商會及貿易事業上，也因為透過更多人脈互助，讓事情更有效率的完成了。設定目標，並且運用手上現有資源，盡力去達成，即使遇到挫折也不放棄，將挫折化為自己成長的力量，排除萬難的果實將會讓人感動並回味無窮。

另一個讀者們常見的問題，應該就是時間管理。例如當我想陪家人的時候，卻一直有個困擾，那就是一年內我要出國許多趟，包含商會的任務以及貿易公司接待客戶，這兩件事我都無法拒絕。怎麼辦呢？我後來透過時間規劃，把商會跟貿易公司的事合在一起，也就是說，我出一趟國門，可以同時處理商會的事，又可以陪我的貿易客戶，因為我已經成為一個值得信任的人。

　　如何規劃你的時間，將每天細分為二十四小時，每個小時需要安排的事情都事先規劃好，盡量在時間內完成事業上的目標，也安排時間投資自己，加強自己的實力，並固定安排陪小孩的時間，陪伴小孩一起成長。

　　目前我的生活狀態，已經成為我想要成為的樣子。我從前嚮往一種女強人，在事業上受人尊敬，同時也能把家庭照顧好，跟老公相處甜蜜。如今我也是做到在打拚事業的同時，兼顧好家庭，自己帶小孩做功課。

　　我也知道這個世界臥虎藏龍，永遠有更值得學習的榜樣，也要時時跟更好的人學習，過程中永保謙虛，我也勉勵自己，在追求更好人生的時候，不要讓自己變成高傲的人。

　　如今的我，受到廠商信任，願意把指定任務交給我，我也透過商會，成功的在中國大陸投資了許多物件，我擁有辦公室、商辦大樓等股權。家人方面也都能和樂相處，大部分時間我都可以親自照顧孩子，陪著孩子經歷學習成長的每個重要階段。

　　此外，現在經常被稱讚外表凍齡、智慧卻超齡，我喜歡這樣的自己，相信讀者們只要堅持學習，願意打造更好的自己，你也一定可以做到。

Jennifer 的斜槓指南

看完我的故事，相信讀者可以清楚看到兩個重點，一個是找對方向，確認這是你要走的路。接下來就是要堅持目標，一路上透過自我學習成長，讓自己成為更好的人，這樣你的目標就會實現。

那個過程肯定不容易，你一定要耐得過挫折打擊，就算可能沒有人看好你，你也要相信自己，持續精進，必有所成。

除此之外，我要補充提出幾個很重要的成功要點：

一、做人要誠信

這裡指的不僅是對別人，也包括對自己。我在壓力最大的時候，曾經想過要放棄，但是因為當初我對對方做出了承諾，我不能食言，不能一碰到壓力就想退出，信用和商譽都很重要。事實上，我今天很多的財富成長，都是透過人脈，才藉由投資大幅倍增我的財富。

而在對自己的誠信方面，就是對自己許下的承諾一定要遵守，很多人往往輕易就半途而廢，這就是對自己不夠誠信，因為你輕許承諾卻不履行。

我許下承諾，就做好自律，並且確實做到。

二、要時時感恩

我對人對事都是感恩的，而且是發自內心的感恩。我首先非常感恩在我忙碌的時候，家人總是做我最好的後盾。也衷心感謝生命中每個歷程協助我的貴人，包含商會的前輩們、貿易公司的客戶們，甚至是帶給我負面刺激的人，不論正向或負面，因為有你們，才讓我的人生有了更好的轉變。

受人之恩，永誌不忘，這是做人的最基本原則。相信懂得惜福感恩的人，也會是事業可以逐步茁壯的人。

三、把握機會

機會總是稍縱即逝，當機會來臨時，放下心中的小聲音，先去執行，並且從中不斷修正，我積極熱情的珍惜每一次機會，因為人生沒有幾次能夠放手一搏。

四、經營人脈

每個人擅長的事情不同，人脈串聯彼此合作，才能有斜槓事業。如果要深耕事業，透過人脈去延伸事業的觸角，延伸的事業能更加穩固自己深耕事業，減少走彎路的時間，成為彼此的貴人，互相扶持向前。

五、經濟獨立

女人要多愛自己，要經濟獨立，擁有一份自己的事業。自己想要的生活自己給予，安全感來源是自己，相信自己，每個女人都能讓自己更有底氣與選擇權，讓自己擁有選擇權的人生。

> 作者個人連結

Jennifer 臉書粉絲專頁
https://www.facebook.com/jennifer_lin_75-
109314891224420/

Jennifer IG

https://www.instagram.com/jennifer_lin_75/

不再傷痛，我要讓人們心靈感受到溫暖

鑫喜文創有限公司創辦人 **周佳雯**

❖ 斜槓議題

就算事業成功，內心傷口若不撫平，仍將會有缺憾

❖ 斜槓核心

找回自己，用心靈輔導幫助他人

❖ 斜槓身分

補教業名師 / 認證合格心理志工 / 塔羅諮詢心靈教練 / 財富流認證 MCC 教練 / 鑫喜文創有限公司創辦人

那年我在催眠老師的指導下進入冥想，
在潛意識的鏡像中，看見了一個讓自己震撼的畫面。
時光回到我學生時代當童軍的歲月，
來自各方的好友，坐在帳篷旁的草地，
在篝火閃爍掩映下歡唱。
當夜漸漸深沉，營火逐漸熄滅，
那不滅的餘燼依然閃耀著點點星火，
映照著興奮不眠的每個青春笑顏。
我喜歡那樣的溫度，我喜歡大家這樣隨性自在的談心說夢，
無憂無慮的從入夜聊到五更。
靈光一閃的震撼畫面讓我感動不已，
因為我知道我找到了渴望的夢想，
那是我想要追求的心靈境界，
那是我想要帶給我朋友真正與心和解的感覺，
從此，那個有力量的畫面就定錨在我的內心。
直到現在，當我打算創業時，
我決定就讓這樣的夢想意境，融入我新創的平臺事業。
我要帶給我的客戶那種放鬆深入、可以交心的自在，
那是真正讓心翱翔的自由，於是我帶著我的夢想，
創立了鑫喜文創。

現在的人生深受童年的影響

如何形塑我現在的生活樣貌？追溯源頭，可以連結到二、三十年前的往事，我也是後來才漸漸知曉，童年的思維跟長大後的自己息息相關，不要以為過去的就讓它過去，有些根本的問題還是要去處理，否則舊時的傷口只是被深深埋藏，卻不曾消失。總有某些時刻，舊傷會被觸動，影響你現在的家庭與人際關係。

記得那一天，我先生興高采烈的一口氣買了二、三十件特色Ｔ恤，他是想帶給我們兩個寶貝兒子驚喜，當他一副要宣告好消息般興奮的踏進家門，當下圍過去的除了兩個尚在念小學的孩子，還有我這個童心未泯的妻子。

我帶著滿心期待開口問他：「有沒有買什麼給我？」

我先生頓時間表情充滿困惑的說：「我不知道你要什麼？」

原來那些個驚喜只是要給兩個兒子，並沒有任何一件是給我的，我掩不住滿臉的失落走回房間，留下我先生莫名其妙的覺得他又沒做錯什麼，而稍後不免又是一場小小的夫妻爭吵，還有我內心的落寞。

他怎麼了？還是我怎麼了？或者是這件事情到底掀起了什麼過往記憶？我也是在照顧孩子成長的過程中，自己不斷透過學習，尋找自身的生命答案。

　　結果我發現，我必須找回那些烙印在心底的痛處，從根源去療癒，否則問題若放著不處理，總是會在某個無法預料的日子裡，往事就像借屍還魂那般，又重回現實生活，帶來憂愁甚至爭執。

　　就像那天，我先生只是帶了幾件新衣服回來，他本意想要討孩子歡心，卻沒預料到我的心突然像中箭一般，再次融入童年時代痛苦的回憶裡。這也刺激我日後更深入去探索追尋心靈相關的課題，並拓展出相關的斜槓事業及志業領域。

　　我的本業是補教老師，教學經驗豐富，在本書出版這年，已經在教育界服務了十八年。作育英才是我喜歡的工作，因為我非常喜歡從事助人相關的事情，從學生時代就長期投入童軍，後來也經過嚴格訓練，成為合格的心理諮商志工。不過相較起來，教育歸教育，助人成長歸助人成長，二者雖有相關，但依然是各自不同的領域，也有不同需要學習的範疇。

　　這些年來，我逐步減少我在補教方面的時間分配，將更多的時間投入在可以藉由心靈諮商助人的事業。談起心靈，我深有所感，這裡要先從我自己童年的故事說起。

一個喜歡跑輔導室的女孩

我是師大國文系畢業，正統科班出身的老師，我從大一就開始從事家教工作，累積了不少的實際教學經驗。大三時就已經正式站上講臺，在補習班由實習老師變為正職老師，並從那時候就建立起我的教學口碑，而在補教圈裡，我的國文教學也算是有相當的名聲。

但其實我大學的第一志願是師大心輔系（教育心理與輔導學系），我學生時代最想從事的工作，就是心理諮商師，而我在高中那三年，更是學校輔導室的常客。

就讀師大的期間，我在校內常態參加的社團，是學生輔導中心附設的義工團，在大二那年，我就已擔任學生輔導中心義工團團長了。

我那麼勤跑輔導室，最初想要找到的是一個從少女時期就困惑著我的憂愁低谷，我曾經整個人深陷一種難以自拔的黑暗幽谷，也曾不只一次逃離禁鎖我內心的原生家庭。

表面上看起來，我成長在一個普通的小康家庭，從小不愁吃穿，家人也都提供給我很好的物質上照顧。但是大家忘了，對孩子成長影響最大的，不是物質生活條件，而是精神方面的安心扶持，而這也正是我回首童年時代，最大的匱乏所在。

　　我的母親本身來自嚴格打罵教育的家庭，外公的教養方式形塑了她，也隔代影響了我。

　　記憶中，我從女孩長成一個少女的日子裡，這之間沒有一天不是在戰戰兢兢中度過的，身為兩個弟弟的大姊，我被要求要當一個楷模，因此從小就被賦予種種不合理的任務，除了我本身必須表現非常優異之外，如果兩個弟弟有犯錯，我不但要被連坐，並且還會被加重懲罰。

　　父母對我的標準非常嚴格，只要有一點點細微的地方沒做好，就會立刻被家法伺候，手心經常被打到紅腫瘀青。我從小就被規定，考試成績沒有滿分或是家事沒有做好，就要挨打。如果過程中我膽敢縮手，那就次數歸零重打，假設原本要挨打十下，已經打了九下我卻縮手，就得要再另外挨打十下。

　　此外，我也被訓練成必須壓抑再壓抑，忍耐再忍耐。這樣的我，在學校是個品學兼優的模範生，去到哪裡總是爸媽的驕傲，大家都稱讚家裡有著這麼優秀可愛的女孩，卻沒有人注意到我那雙隱藏在衣袖底下傷痕累累的手臂。

　　這個乖女孩，日復一日的生長在這樣的噩夢裡，有一天終於整個崩潰了。

那時我止不住地哭泣

由於我父親本身對佛學很有興趣，在我小學升國中的那年暑假，可能他想要讓女兒修練更完美的心性，竟然幫我報名了一個知名佛教體系下的禪修班，送我到禪修營中修身養性。

這件事改變了我的一生，也或許某方面挽救了我的人生，因為我不知道，我如果繼續在父母「愛的教育」下成長，會不會在還沒成年前就瘋掉。

記得那是在禪修營上課的第四天，下午接近黃昏時刻，我的肚子突然感到一陣絞痛（後來被診斷是急性腸胃炎），但從小就被訓練要忍耐的我，卻不敢從課堂中離開。

當時有一位我非常信任、很照顧我們的小隊長，她是大學剛畢業的大姐姐，我只想等她出現再向她反應。然而不巧的是那天她剛好有事在忙，始終沒有出現在我面前，於是我只好一直忍啊忍的，後來實在痛到受不了，最後我在劇痛中昏迷不省人事。

等到我悠悠轉醒，躺在床上的我看到窗外已經一片漆黑，而我最信任的那位大姐姐，就坐在床旁陪著我，她一看到我醒來，立刻伸出溫暖的手拉著我：「小雯，你現在感覺怎麼樣？肚子還痛嗎？」

霎時間我的眼淚潰堤，一句話都說不出來，就只是不停的

哭。大姐姐有些慌張了，她急忙問我是不是還在痛？我卻還是說不出話來，只是緊緊握著她的手，止不住的嚎啕大哭。其實當年才十二歲的我，也不知道自己為何要哭？我只感到內心壓抑許久的痛，此刻，我都想在大姐姐面前全部宣洩。

多年過去，直到三十幾歲我開始接觸心靈療癒後，學會探索自我，我才終於明白，當年那個十二歲的我，從小就沒有被好好抱過，沒有接收到溫暖的關懷，沒有讓心靈得到好好的呵護。

而當時我身體的疼痛，就對比著我一路以來在家庭教養下的苦痛，我好痛好痛，卻沒有一雙溫暖扶持我的手。直到那時我睜眼，人生第一次感受到在我最需要的時候，身邊有雙願意呵護我的手。

因此我哭了，哭得不能自已。原本我的世界是一片黑暗，就好比外頭山林的深夜，而陪伴著我的大姐姐，就是讓我不要繼續陷入黑暗，那一盞救命的燈火。

那年禪修營結束後不久，那個大姐姐就剪斷三千煩惱絲出家為尼，而我也在那年整個變了個樣，往後超過十年時間，我都跟我的父母處在對立面，我成了一個極端叛逆的女孩。

終於我逃家了

我不要再當那個乖女孩了，我受夠了！那年七月禪修營結束後，一回到家我就有一種從天堂掉入地獄的感覺，從有著溫暖的佛寺，又來到這個嚴格殘酷的黑暗所在。那年八月，我第一次逃家了。

一個小學剛畢業、都還是買兒童票的女孩，獨自一人帶著幾百元以及簡單的背包，僅憑著模糊的印象，就想要自己搭車回禪寺找大姐姐，但是禪寺距離最近的縱貫線火車站還有上百公里，一個小女孩怎麼可能到得了？

可是害怕歸害怕，那股想逃離的力量實在太強大了，我就一個人搭火車去到離禪寺最近的火車站，然後傻傻的以為靠雙腿就可以走到禪寺。那天還下著滂沱大雨，我連傘都沒有帶，就穿著雨衣沿著陡峭的公路走著，路上撿到一輛廢棄但還能騎的腳踏車，便成為我的代步工具。

我加快行程想要衝刺，卻不料越騎往山裡時，越發現山路崎嶇，下坡時車速越來越快，我才發覺不妙，這輛腳踏車根本就沒有剎車，於是我在倉促間趕忙跳下車，在泥濘中跌傷了腿，但我依然站起來繼續走。

天色漸黑，山裡的風又大，我在野地間發現了一間廢墟就爬

了進去，我餓著肚子縮著身體直發抖，就在半夢半醒之間，撐到了第二天天亮。

當然，我逃家的第一天父母就已經發現不對，到處打電話詢問，也早已通知警方。當我終於輾轉搭到客運，去到離禪寺最近的小鎮時，一下車便打電話給禪寺，寺方一方面安撫我，叫我待在原地不要亂跑，另一方面自然立刻通報警方。

後來我被接去禪寺，正開心的想去找大姐姐時，沒料到不久後出現的竟然是我爸媽，我一邊哀叫一邊逃跑，最後逃到廁所還是被找出來，我哭得像是落入惡鬼手中似的。

我想大家一定無法理解，一個乖巧聽話的小女孩，怎麼可能對自己的家人害怕成這個樣子？爸媽一定也感受到極大的震懾，甚至他們終於發現到，自己過往在教養上有什麼不對的地方？

總之，我賴死賴活不肯回去，他們在神佛面前保證我回家會沒事的，並且下個星期就會帶我來禪寺皈依。我只是個小女孩，廟方不可能收留我，最後也只能乖乖的被帶回家。

不過至少爸媽那一回被嚇到，從此再也不敢對我打罵了。只是對我而言為時已晚，傷害已經造成了，加上當時說好要帶我去皈依也沒有，不但沒有帶我去，甚至更加嚴格防範我跟禪寺有任何的接觸。最後更誇張的是，爸媽乾脆帶全家改信基督教，還強迫三個小孩也要跟著父母受洗，於是我繼續處在黑暗期。

　　直到後來我長大了，我不再隱忍，我選擇跟家人對抗，我成為叛逆的少女。只不過這個少女，是個成績頂尖的模範生，我的叛逆只針對家人。

叛逆女孩依然可以活潑成長

　　如今事情已經過去多年，回憶之間我已經沒有太大傷痛，但是在過往很長一段時間，我只是靠著讓自己快快長大，投入更多社交應酬，藉著忙碌來讓自己忘記傷痛，卻沒有真正讓自己的內心得到療癒。

　　十五歲前，我藉由讓自己全心投入校園活動逃避家庭，在學校我是個風雲人物，連續當了三年的班長，最後還獲選為臺北市優良學生代表。然而一回到家，卻是個完全不想跟家人有任何互動的叛逆女兒，我的成績越優異，反倒越凸顯這個家的失敗。

　　高中後我開始想找出心中的困惑，我不知道該如何和自己相處，除了當年那個照顧我的大姐姐外，我幾乎不信任其他人。我也定期寫信給禪寺，跟已經出家的比丘尼姐姐問候，但是不管再怎樣交流，我依然沒找到當年我哭泣的理由。

　　我可以跟大姐姐學習的，就是去幫助別人，但我比較像是個

行俠仗義的女俠，國中時期我就加入童軍社，我喜歡團體活動，加上多年當班長的經驗，讓我有一定的領導力。高中時繼續投入童軍活動，高一時我甚至在我住的社區發起童軍活動，還說服兩個里的里長幫我招生。

內心裡我就是想要做一點什麼服務，希望可以彌補我心中的缺口，但單純的只是參加社團活動，並不能完全解決我自身的問題。

那時候爸爸因為工作任務的關係，長期派駐花蓮，媽媽也已經去就業，成為職業婦女。家人不再管我，不再是帶給我害怕的源頭，但我早已不是當年那個害怕家人的小女孩，但是沒有人管我，我依然感到空虛，於是我經常跑去輔導室找老師聊天。

然而輔導老師畢竟不是真正的心理諮商師，他們只把我當成是一個熱心活潑的學生，那時的我外表是外向樂觀的，沒有人看得出來，在我內心深處，依然住著那個受傷的小孩。

就連那位長年通信的大姐姐，也只是繼續給我鼓勵，有時也會跟我談一些哲學寓意的話語，但是沒有人可以深入我的心，畢竟心在自己身上，除了自己以外，其他人也難以觸及。

就這樣，這個少女後來考上了師範大學，她繼續活躍於各種社團，成為一個開朗愛笑的女孩，沒有人知道她曾經有過幽暗的少女成長時代，連她自己也幾乎忘了，她曾經長年身在幽谷。然

而事情可以被淡忘，卻無法真的消失，終有一天，內心那個受傷的女孩，還是會回來跟自己找答案。

自己成為一個母親

終於過去還是會找上現在的自己。

文章開頭，為何當先生買了許多衣服要給孩子驚喜時，我卻感到失落呢？因為那一瞬間，我又化身為當年那個覺得被不公平對待的女孩。

小時候身為姊姊的我，弟弟犯錯時我要被連坐處罰；而家裡有什麼好康的事，例如發禮物，我總是被忽略。我記得很清楚，如果家裡買了一隻全雞，毫無例外的是，掰下的兩隻雞腿就分別給兩個弟弟，我是絕對不可能有份的，甚至爸媽打從心底根本就沒有這個選項。

多年以後，在婚姻生活中，那天我先生買了新衣服回家，我這個已經做媽媽的，竟然讓自己退化成當年那個哀怨的女孩，我把先生投射成我的爸媽，我自己的兩個孩子，則變成了我小時候的兩個弟弟，那是一種自然而然產生的情緒，非理性可以控制的。我就是覺得我又被不公平對待了，大家都分到好東西，又沒

有我的份。

　　所以內心問題還是必須解決，否則就等於為自己安裝了一顆顆的地雷，引信設在任何人手上，一件對其他人來說很平常的事，卻可能變成一個觸動我內心傷痛的點，一旦不小心觸及，就會讓我脆弱的心靈被炸傷。

　　我在有了孩子後，更能以父母的心情來看待我的工作，而我是在生養兩個孩子後，才逐步去探索更多心靈層面的課題。後來為了多陪伴家人，我減少上課時數，但是依然在補習班工作，有固定授課的班次。

　　只是這樣的我一直覺得，人生彷彿少了些什麼。有一天，我的孩子因為調皮不聽話被我懲罰，我當時罰他關在廁所裡不准出來，當我先生回家，一看到孩子被關在廁所就跟我說，我怎麼可以這樣對待自己的孩子？我心想，難道我懲罰孩子有錯嗎？我又沒虐待他，他做錯事當然要懲罰啊！

　　突然間我的腦袋像是挨了一記悶棍，我頓時驚覺到，我是不是在不知不覺當中，承襲了我爸媽當年管教我的方式？我怎麼走上他們以前的老路？雖然我的懲罰方式沒有那麼極端，但是我也同樣不顧孩子的內心感受，就只是行使大人自以為對的權力。

　　這件事促使我更深入去了解親子教育，也在後來從親子教育進入探索自我的歷程，開始接觸到更多心靈層面的課程與課題。

我要讓人們不再感到傷痛

我後來的斜槓都跟心靈成長有關，而一開始則是跟教育有關。我剛開始當媽媽時，並不知道要跟誰學習，因為我算是早婚的，是同輩裡是比較早當媽媽的，沒有學習請益的對象，因此我主動尋求資訊，加入了一個親子共學團體。

那個團體有個口號：「不打、不罵、不威脅、不恐嚇」，我心想，這不正是我童年的相反嗎？我正是處在打、罵、威脅、恐嚇這四種狀態下成長的。但我也納悶著，不打不罵要怎麼管孩子？完全放任也不好吧？

總之，我開始參與親子共學，也因此得到了很多啟發，真正去認識孩子的心理發展，也想到了自己小時候的經歷。我學會要去傾聽孩子的需求，不要動不動就讓自己被成人的情緒控制，要去同理孩子的世界。

在同理別人的過程裡，我也去深入認識自己。我最早接觸的是塔羅牌，我的塔羅老師走的不是占卜算命的路線，而是將塔羅和心理學結合，藉由塔羅牌，我們要真正去認識一個人的心理狀態與他行為模式的關係。例如自己為何因為某件事就動怒？內心裡，為何那件事是自己的痛點？

越深入這個領域，我就覺得心靈的世界有太多東西想要去探

索，人們對自己的內心真的了解不夠多。就這樣，我不斷學習，我也繼續追求更多教育上的突破，初始我還是讓自己扮演著孩子媽媽的角色，再漸漸回歸到我自身的角色上。

到 2015 年時，我那時三十出頭，孩子也已經上小學了，我在那個時候，終於勇敢去內心探望小時候的自己。在冥想中，我又回到當年十二歲的我，我彷彿在一段永無止盡的黑暗隧道中爬行，無助的掙扎呼喊著。

接著忽然睜開雙眼，我原本以為眼前是一片黑暗，但那時卻有一對明亮如燈的雙眼望著我，她的手溫暖著我，於是我不斷哭泣，終於有人願意關心我、願意愛我了。

我哭泣，只因為我想被接納，想被關愛，我要的不多，只要你們願意傾聽我，知道我的害怕，並用雙手擁抱我，告訴我，我是被愛的，我是足夠好的，我是重要的。

我是哭著從冥想中回來的，我找到了當年的傷口，後來我也找到未來職涯的新路，我要成為一個讓別人不再感受到傷痛的人。

創立陪伴心靈為主力的公司

從 2016 年開始，我接受專業培訓，後來成為塔羅心靈教練。這套模式非常適合作為心理諮商的媒介，我也多次受邀到各大院校去和老師分享，他們很喜歡藉由這樣的工具，來增進跟學生之間的互動。我自己也發展出一套結合作文與遊戲的教學方式，在寒、暑假期間開課，相當受到家長的歡迎。

2020 年，我有個機緣接觸到財富流，那時我正懷著第三胎，當時就覺得這套遊戲很特別，可以呈現一個人的內在價值觀，也可以看見我們每一個決定背後潛藏的思維或情緒，而這些其實一直默默影響著我們人生。

第三胎產後，我以親子包場的形式，又去玩了第二次，這一次帶給我更多省思。例如我發現我常習慣於安穩，卻忽略了生命中出現的機會，原本我有個好機會可以承接一家補習班，更早成就財富自由，但是我當時卻想都不想，就直接放棄了那個機會，之後接手的人把補習班經營得非常成功，賺了很多錢。

財富流遊戲讓我重新審視人生，也覺得這可以幫助許多人省思自己，是個結合生涯規劃與心理諮商的良好工具。

就這樣，2022 年我決定成立新公司，我們公司有兩大主力項目，一個就是財富流財商學苑，一個是塔羅牌及後續的心理諮

詢。我們也發展出一個共榮共好的支持圈，讓彼此成長的同時，可以把自己的天賦能力、人脈資源相互流動，彼此支持，甚至創造更多新的可能。

此刻的我已經找回了自己內心的需求，療癒好我內心那個受傷的孩子。我願意以一路走來的心路歷程，透過我的平臺協助更多人，省思內心的自己，尋求更好的自我。

我希望我帶來的工作氛圍，就像學生時代參與童軍活動的營火晚會，溫暖而溫馨，讓人人都感受到被愛的幸福，心中的火持續燃燒。

佳雯的斜槓指南

不論你現在扮演什麼角色，是企業老闆還是為人父母，你要做一個有人性的人、有溫暖的人，首先你就是要有同理心。

說實在的，以我爸媽的思維來看，由於他們過往的成長歲月，也是在較嚴格養成的環境下長大，因此他們只是用過去認為理所當然的教養方式，以為照顧孩子就是給他食、衣、住、行溫飽，然後嚴格督促孩子成長，他們認為這是對待孩子最好的方式，因此才選擇用鐵的紀律來管教孩子，並沒有想要虐待自己孩子的意思。

我當年的傷痛，是因為自己不被理解、不被關愛，也因為和父母之間完全沒有溝通，只被單向的規定許多要求，而我的痛苦他們一點都沒有察覺。所以我們若是當人家老闆，就要懂得站在員工的角度想事情，員工才願意為老闆效命；我們若是當人家父母，更要懂得去同理孩子的想法，不要再讓自己侷限的成人思維，成為孩子一輩子的傷痛。

身為斜槓新女性，不論你在哪個產業，扮演什麼角色，相信只要試著去同理他人，真心去為對方著想，你就可以把你該扮演的角色扮演好，也傳遞給這個世界一份暖暖的愛，

並且擴大這份美好，讓溫暖的火苗恆常延續。

如今我也與父母和好，我已走出我的傷痛，並且十分感恩我的母親，現在當我工作忙碌時，都是媽媽在幫我帶孩子，她跟我的三個寶貝也處得非常融洽，相處只有愛，沒有壓力，這是最美的人與人的連結。

作者個人連結

鑫喜文創

https://goldjoy.com.tw

個人 LINE

單身女子自立自強闖出斜槓

女/力/發/光/篇

從旅遊產業奮鬥轉型時尚創業家——連瑩
從餐飲達人轉型投資理財創業家——趙玉霜

S-Design 整體造型公司創辦人 **連瑩**
走過美麗的世界，也設計出你的美麗

財務規劃師 **趙玉霜**

做自己喜歡的事，也可以開心創立事業

走過美麗的世界，也設計出你的美麗

S-Design 整體造型公司創辦人 **連瑩**

❈ 斜槓議題

什麼是一個人的能力極限？什麼是一個人的形象極限？
能力可以突破，自我形象則必須掌握

❈ 斜槓核心

用細心與專業，讓自己成為一個領
域的專家

❈ 斜槓身分

時尚企業老闆 / 資深導遊及旅遊
達人 / 投資公司負責人 / 美股
投資專家

曾經讓我感到充滿挫敗的，

曾經讓我忙到天昏地暗的，

以及所有曾經讓我覺得處在低谷，

覺得這世間怎麼有這樣的事？

所有的這些，

後來都化為成就我培養多元實力的養分。

如果當初沒有那樣的黑暗，

就沒有我如今敏銳的眼光。

如果當初沒有那樣的被嚴厲訓練，

如今的我又如何能駕輕就熟面對所有難關，

用女力打造我寬廣的事業版圖。

一場嚇傻我的震撼課

　　那年我才二十歲，最徬徨稚嫩的社會新鮮人，我當時是被家人「奉派」來到這家全國排名前十名的大型旅行社，事先我也沒有什麼選擇，我大學最後一年擔任日本交換學生，畢業一回臺，好心的叔叔就已經幫我安排好去旅行社面試，隔天就立刻就任報到，然後從基層做起。

　　所謂基層，就是指擦地板、掃廁所這類的基層，並且時間長達半年，好歹我也算是喝過洋墨水的留學生，但是在那裡，我就是被呼來喚去打雜的助理。雖然名為業務助理，但是真正可以接觸業務實戰的機會幾乎沒有，我只被交辦一堆的規定。

　　是的，這是一家充滿規定的公司，包括辦公室裡的花要怎麼擺、釘書機該怎麼釘，特別是像我這樣的「小妹」，要記得的規定更是多。以端茶給客人這件事來說，規定細到當我端茶給客人時要用哪一隻手、五根手指各自放在哪個位置……都有規定，若有違反規定，肯定會被罵到晚上睡覺都做噩夢。

　　有一回我就因為端茶沒遵守規定，遭到近乎羞辱般的責罵，讓我當下直想轉身離職。那天有個山西旅行商務團來訪，團員都是來自山西的旅行社老闆，要來跟我們董事長洽談兩岸旅遊合作。我這個小妹就是負責在董事長出場前，擔任第一線接待，從

門口歡迎開始，到走路的動線，然後帶他們到樓上，我都照標準好好做，也讓他們在會議室就定位，接著準備端茶給他們。

但這時卻出現一件不合規定的事，那就是當我帶客人就定位時，桌上已經擺上了茉莉花茶，但是董事長事先有交代，這批客人要招待他們喝臺灣高山烏龍茶。通常董事長會在客人喝第一口茶的時候出現，包括穿什麼西裝、如何入座他都設計好了。

那天他出現時，我正在幫客戶收杯子，好換上新茶，董事長一看到我的動作，就當著所有客人面前往我的手打下去，怒罵我在做什麼，我感到很惶恐就說在收杯子，董事長怒叱：「新茶都還沒端上來，怎麼可以先收舊茶？」

我只好戰戰兢兢的趕緊又把端起的杯子放回去，董事長接著又打了過來，問我在幹嘛？我當時簡直嚇傻了，只能囁嚅著說：「我……我把杯子放回去啊！」

他大怒道：「杯子都拿走了又放回去，成何體統！」

我就這麼當著所有客人的面前被叱責，當時腦子整個一片空白，原本後面該做的流程也都忘光了。端新茶時完全忘了該用上面三根手指頭來端杯子下緣，並用小拇指碰著桌子（這樣子杯子放在桌上才不會有聲音），我的手直接碰到杯緣。

董事長這下子更怒了，乾脆不接待客人，直接把我叫去一旁，獅子吼般的怒吼痛罵，而那些山西來的客人，就交給總經理

帶去另一個房間接待。我一個二十歲的年輕乖女孩，從小很少被爸媽指責，那天遭受到如此大的自尊踐踏，整個人只能站在那裡不知所措的發抖，任憑淚水泛流。

而我後來才知道，原來那一切根本都是設計好的，董事長表面上是在罵我，實際上是要給那些客人一個下馬威，表示我們這家公司非常嚴格有制度化。也因此，當天所有來自山西的旅行社老闆，每個人都沒什麼意見，就照我們提出的版本簽下了雙方合作協議書。

這就是我初出社會所上的一堂震撼課，關乎人性也關乎社會現實。

忍辱負重累積實力

我後來忍下衝動，仍繼續擔任卑微的助理，或許我在心中已經知道，既然我面對這個社會就像個無知的小白兔，還不如就待在這個像魔鬼訓練營的地方磨練，反正我都已經受苦了，如果當下放棄，不就白白被罵了？

當然，董事長當時的作為的確比較極端，當年的我也沒在其他公司上過班，以為做老闆的都是這麼嚴苛。後來也因為個性上

太精於算計，最終那位董事長反倒晚景淒涼，旅行社倒閉了，他也從高高在上跌落谷底。

　　無論如何，那些年的操練，培養了影響我終身的兩大特質，一個是我從此有著比別人敏銳的觀察力，一個是伴隨觀察力而來的，我做任何事都會把細節做好。

　　這些其實是在書本上學不到的，而那些年我卻已經被訓練到身體能夠自動反應，碰到客人時，我甚至光看他們臉上的表情，或是掃描一下周邊的情形，就能判斷發生了什麼事，客人想要的是什麼？當各種突發狀況發生時，別人總是慌慌張張的，而我的心卻能保持平靜無波，眼觀四面、耳聽八方，瞬間判斷出我應該做些什麼事，按部就班把眼前該做的每件事條理分明的做好。

　　所以說，以我當時一個菜鳥來看，這樣子被老闆利用，我心中應該要有所怨恨才對，可是事過境遷後，我心中只會感恩上天給我這樣的際遇，讓我在年紀正青春、學習力也最旺盛的時候，把那些商場上的許多折衝應對技巧，吸收融入我的 DNA 裡。我的一舉一動還有準備說出口的話，都是經過光速般的分析，甚至我自己沒感覺前，我就已經知道該做出怎樣的回應。

　　例如碰到處在情緒激動的客人，怎樣的話語會讓對方最能放下心防？或者怎樣的商品介紹方式會讓客人最容易接受？而我深深知道，面對十個不同的客人，就算是同一個商品，也會有十種

不同的表達方式。

　　我也很慶幸，自己學會的是做人做事的觀察敏銳與細心，而不是被感染利用他人甚或害人的習性。而這樣的我如魚得水般，後來投入旅遊行業，直到自己創業之前，我的旅遊資歷共有十七年。

旅遊歲月培養自己成女強人

　　十七年算是很長的歲月，以資歷來說也非常豐富，畢竟身為導遊，我本來就總是在不同的城市飛來飛去，看遍各地美麗風光。更何況我並不是一般的導遊，而是屬於負責特殊專案的導遊，經常身兼多職，兼任領隊、看護、主持人，以及在發生任何狀況時，看著眼前年紀大部分都比我大的阿姨、叔伯們，我要成為他們的定心丸，兼具強悍與溫柔，要做為所有團員倚賴的對象。

　　我大部分時候帶的是日本線，其他亞、歐國家甚至非洲團也都帶過，可以說我在那十七年裡，睡在家中床上的總計天數，加起來都沒有 2020 年初創業到 2022 年春天這兩年回家睡覺的次數多。

　　那年我熬過了八個月的助理操練歲月，終於有了讓我自己帶領的第一團旅客。而在那之前，我只是零零星星的以見習身分，跟過幾次前輩的團。不過那時帶團並不是我的主力，只是歷練的一部分，我衷心感恩有那樣的機會，見習各個部門的工作，讓我學會了旅行業從業務、行銷、票務到客服的各個環節，奠定我從事這一行的所有專業基礎。

　　我後來離開旅行社，開始獨當一面作業，我的角色是類似接案性質，但是有常態合作的單位。由於我過往的種種學習特質，包括我在學生時代非常哈日，還去日本遊學，打下了不錯的日文基礎，加上我在大型旅行社學會的基本功，而且還是業界知名董事長培訓出來的做事反應能力，因此我可以承接各種專案的旅行團。

　　所謂專案旅行團，好比說臺灣知名的金控集團，招待銀行VIP 的貴賓旅行團，或者像是國際傳直銷品牌，犒賞業績達標主管的精緻之旅。

　　這類行程絕不只是走馬看花，而是每個環節都要求到最好，過程中有晚會、海外頒獎或慶生，還得準備團康或是特殊主題活動，像是化妝舞會等等，所以我的身分遠遠不只是導遊，可以說那樣的我就已經非常斜槓了，因為我不只是帶團，而是在行前就要參與企劃工作，我不但要會辦活動，還要會擔任主持人。這類

的大型團隊，往往分成幾個小隊，我要負責整個小隊，而且在多數時候，其他人沒有辦法支援我。

我曾在泰國規劃過讓企業領導人坐著大象進場，然後大象看到現場人太多，有點嚇到還差點暴走，我得處變不驚扮演好安撫客戶的角色；我也曾碰到大家站在舞臺上很嗨的時候，有個客人因為興奮過度中風倒地，在救護車趕來現場之前，我必須先做第一線的救援。

這十七年下來，我所遇過各種林林總總的狀況，都可以寫好幾本類似歷險記的書了。當然，對我來說，那些所有的歷程，也都化成我的經驗養分，讓我具備了後來可以創業的實力。

一個被日本國情同化而對穿搭變得敏感的專家

擁有那麼豐富的旅行經驗，正常來說，我若是要創業，應該會從事我最熟悉的旅遊產業，要不然就是跟旅遊相關的海外團購。然而我在 2020 年創業的項目卻非常「跳 Tone」，是和過往經歷看似完全不相關的造型設計業。

其實那一年新冠疫情正好開始肆虐全球，受到各國邊境封鎖及隔離政策的影響，首當其衝的，自然是旅行業了。不過我後

來創業轉型，倒不是因為大環境景氣的因素，而是在我心中，創業一直是我的一個目標。過往那麼多年來，我的工作收入雖然穩定，我也做出了相當的口碑，但是我卻長期處在神經緊繃的狀態。每次出團，從機場出發到返抵國門的整個過程中，我得肩負全團幾十個人所有大大小小的責任，多年來也累積了許多的疲憊。

創業後的我，專注在我一路走來被磨練出來的能力，也就是觀察力上面。我雖然不是服裝或設計科班出身的，但是我被培養出一種超能力，面對一個陌生人，我可以在很短的時間內，憑著幾分鐘的對話，以及對方的談吐言行，很快就能描繪出這個人應該做怎樣的造型穿搭，才能展現出她（他）的優點。

每個人都有各自的風格及外表特質，或嬌豔、或含蓄、或俏皮、或學者氣質等等，當事人或許只是模糊的對自己有個簡單的定位，但往往都無法藉由適切的服裝，讓自己更加亮眼。

大部分的人總是追隨別人，直接把他人的穿搭方式套用在自己身上，但是穿在Ａ小姐身上很吸睛的洋裝，不見得適合Ｂ女士，更何況還有場合的問題，例如在辦公室會客及假日參加同學會，應該要有不同的穿著型態，衣服及配件不同，可是依然都可以展現整個人的美好特質。

一開始我總是感到困惑，為什麼某某人要這樣穿衣服？為什

麼那些人在正式場合中總是亂穿？為什麼在五星級飯店的婚宴中，還是看得到穿牛仔褲的賓客？後來我才知道，大部分的人都不懂得如何穿搭衣服，而我早已訓練出敏銳的感觸，習慣觀察每個人的整體形象，我可以站在旁觀者的立場，客觀說出該怎樣調整服裝儀容，才能為整體加分。有時候並不需要花大錢，可能只要襯衫色系選對，或是換雙鞋子，就能讓整個人看起來不一樣。

也因為具備這樣的能力，加上本身也有點雞婆的個性，我在從事導遊的時候，就已經純粹以朋友服務的形式，為親友做了很多造型指點，包括我本身的穿著，也總是引人好奇的詢問：「連瑩，你這件衣服在哪買的？好有型喔！」

也就是說，早在我創業前，已經擔任業餘的設計品味顧問好多年了。

讓自己做什麼像什麼

說起來，依然要感謝多年在旅遊業操練的經歷，經過這些磨練，讓我做起事來格外重視細節，他們帶給我的觀念就是，做任何事情都要精準，不能馬馬虎虎，包括什麼場合桌上該擺什麼花，都有一定的講究。

　　另一個深深影響我的，則是我長年在日本旅行兼工作的印象。提起日本，大家一定也會感覺到這是個一板一眼的國家，有沒有注意到，日本是個相當重視制服的國家，每個行業都有相對應的制服，空中小姐、醫護人員或是知名賣場店員等就不必說了，這些行業在各國都是穿制服。

　　但是在日本，無論各行各業都很重視，日本壽司店的員工，一定都是全身上下廚師制服，而且頭部包得很嚴謹，不漏一絲髮絲；走在東京迪士尼樂園，他們的維修工人也是穿著專業的工作服，而且身上總是插著許多專業工具，如鉗子、螺絲起子等；即使是路邊施工的工人，一定也是穿著制服工作，不像是臺灣工人，幾乎都是穿著泛黃的汗衫甚至打赤膊。

　　因此我對日本人的印象就是，在什麼場合就要穿什麼衣服，就如同那句名言：「演什麼就像什麼。」我把這個觀念深深融入心底，所以我投入造型設計這一行，便是結合我對人們風格塑造的深刻信念。

　　我的企業打造了一個穿著概念叫做「實境穿搭」，特別聚焦在重要的場合活動，例如參加婚禮，如何讓自己穿著得體，但又不必擔心搶去新郎和新娘的風采？或者跟心動的對象約會晚餐時，如果約在西餐廳該穿什麼？如果是約在小酒館又該穿什麼？重點是你想要展現的是什麼形象，例如你拜訪客戶時，想讓他感

受到你的精明能幹，或者跟男伴聚會時，你不希望讓他覺得你太強勢？

我後來也發現，這就跟我們每個人的生涯發展很像，每個人都有自己的理想志趣，以及處理事情希望追求的發展，但是每個人不一定清楚自己的優缺點，或者該在別人面前展現出什麼樣的形象。這時候，一個專業的諮詢者，一方面不能越俎代庖，太過強加自己的意圖在你身上，畢竟你才是自己人生的主角；一方面也要適度提出建言，讓你可以做出最佳的調整。

好比說你想從事金融業，但其實你的專長不是數字運算，不太適合擔任分析師，但是當金融產品介紹理專，也許是個不錯的選擇。最怕的就是自己都不知道自己想要什麼，從來也沒有用心去進修或是自我成長，每天只是渾渾噩噩過日子的人，那麼就算是專家，也難以提供太大的幫助。

親身見識矽谷的繁榮

我的斜槓項目，除了創立造型設計諮詢公司外，我也開了一家投資公司，這又是另一個跟旅遊不相關的領域。不論是哪一個領域，對我來說，一個共通的核心就是專注細節，要做就把一件

事做到最好。而多年的帶團經驗,也讓我學會如何隨機應變。

我知道魔鬼藏在細節裡,有時候經營公司及帶領團隊,你不能那麼重視細節,因為若是把時間都耗在吹毛求疵上,反倒無法專心在整體的願景和目標統整上。

但是無論如何,如同當年我在旅行社所受到的訓練,該做的基本功一定要做到,不能馬虎。所以我雖然看似沒有理財相關背景,然而我在投資理財的領域,做的功課絕不比別人少。

我從以前當導遊時就養成了一個習慣,那就是不管工作再怎麼忙,我每年就放自己至少兩個月的假,有時甚至長達三個月,本身就是接案性質工作的我,在時間調配上比較彈性。

休息的那兩、三個月,我會選擇一個海外城市,好好放鬆的住在那裡,沒有東跑西跑,畢竟我的導遊工作已經經常在旅行了,休假就是要好好休息。不過我有一個習慣,那就是喜歡深入考察一個地方的當地文化。

那年我選擇在舊金山休假,我完全沒有去逛什麼金門大橋、惡魔島,或是鄰近的知名景點如優勝美地、賭城之類的地方,相對的,我那時想要深入研究矽谷,那時候我剛好有朋友在矽谷當工程師,那是一家國際知名的科技公司,要有朋友接待才能進得去。

在裡頭我見識了科技公司的內部風貌,這啟發我想要參觀更

多公司的念頭，於是靠著朋友介紹朋友，我當時還真的拜訪了各大知名企業總部。許多公司的總部，一進去根本就像是進入了一個全新國度，可以說一個人光是在那個環境裡頭，什麼生活必需品應有盡有，不必再跟外界接觸。

總之，那回的經驗讓我親眼見識到世界級的企業，我也趁餘暇做功課研究各公司的財報，並且很用心的研讀許多投資書籍。從那時候開始，我就做了海外投資，做出一定的心得，後來回臺灣，也建立了自己小小的投資團隊，成為我的另一個斜槓項目。

人生就是要去經歷

有人覺得，我有時候就像是個好奇寶寶一樣，大大的眼睛轉啊轉的，好像想把整個世界都看透。不過長年在旅遊界的我，其實並沒有特別喜歡追求美景，我知道這個世界太大，就算窮盡一生也無法看完。但是我最有興趣的主題是人類本身，我總覺得人類充滿奧祕，從人們的腦袋裡，可以發展出這麼多彩多姿的豐富世界。

我很會觀察也很重視細節，然而我不會沉迷在一事一物上，更不會執著於什麼，我懂得抓住基本原則，例如我覺得不同的人

處在什麼場合該穿什麼衣服，但我也不會去強制要求別人非得這麼穿不可。

我覺得這個世界很美，但是不必然非要擁有什麼，可是如果有任何的新事物，只要有機會我也不會放棄去參與。以投資領域來說，我過往投入的種類其實還滿多的，像是這些年開始流行的區塊鏈加密貨幣我也有涉獵，並且老實說，我在投資領域都不是只做走馬看花跟風而已的。

我的人生有上帝，人生很短，我知道自己要追求的是生命的永恆，所以不希望等我年老的時候，回首這一生才發現，我這件事沒盡力過，那件事也沒嘗試過，一字一句都是遺憾，我不要這種遺憾。相反的，我要說，好險，人生那麼多的精彩，我都有見證參與。

不過硬要說起來，在出書的此刻，已快過社會上所為「適婚」年紀的我，比較需要補足的人生經驗領域，大概就是關於家庭的角色。我是本書作者群中少數仍然單身的女子，所以我的人生還沒有扮演過妻子及媽媽的角色。

我雖然尚未扮演這樣的角色，但是從我身邊朋友的經驗中，我也的確可以看到，身為女性，如果想要事業與家庭兼顧，比起男性會有較多的顧忌，以及被社會賦予的職責。

但我也認為，人的韌性很強大，我曾經是那麼懵懂稚嫩的女

孩，後來可以變成能者多勞的領導人，也是經過一番歷練。那樣的歷練有的來自環境，當碰到事情了你就必須要處理，一旦處理過了，一回生兩回熟，後來菜鳥就自然變成專家；有的歷練則來自於刻意安排，像我本身喜歡學習新事物，旅行到不同國家，比起去風景區拍照打卡，我更偏愛知性的文化探究之旅。

另外只要有機會，我也會積極安排時間去上課，除了各種旅遊業相關的證照外，我後來一邊創業一邊去商學院念 MBA，研究的主題是新創事業及新創模式。我的一大學習來自於「做中學，學中做」，例如我把今天課堂上習得的管理理論，套用在我自己的公司營運上，然後理論與實務相互驗證，那也非常有趣。

對我來說，人生就是要去經歷，然後不斷累積經驗，包括挫敗的、不舒服的經驗，也包括挑戰冒險成功的興奮經驗。也許身邊的種種事物，包含事業和資產，都有可能起起伏伏，但唯有那些你用心體驗過的人生智慧，永存你心。

這是我的人生觀，是我所追求無怨無悔的人生。

連瑩的斜槓指南

　　每個人都不該為自己的人生設限，但人生也不能太「跳Tone」，總要基於你自身的專長和風格，這樣才能走出最能發光發熱的道路。如今身為造型設計公司老闆，這裡我也想從造型的觀點，給予讀者關於人生的指南。

一、找出你自己的型

　　人誕生在這世界，有兩個從小形塑自己的因子，第一是遺傳，第二是成長環境。對於一個年過二十的人來說，到了這個年紀，基本的型已經有了，不是不能改造，而是沒有必要。如果明明是個儒生型的人，卻刻意想讓自己轉型成陽光肌肉男，肯定會花許多時間去轉型。

　　但是為何想轉型？是因為受到電影中哪個英雄人物的影響嗎？我們到底要做自己，還是為了別人改變自己？這一點我們要想清楚。

二、不要輕易說隨便或不在乎

　　我覺得做人做事可以瀟灑不執著，但那不代表隨便，從事任何工作你要認真，別人才會把你當真。

　　我在幫客戶做造型建議時，有的人總會說他不在乎形象，隨便就可以。如果真的那麼灑脫，這也是一種風格，可是偏偏他又不是真的那麼灑脫，表面上說不重視外表，那麼買衣服只要做到保暖以及蔽體就好，實際上他們買衣服時還是會東挑西選，會關注是否名牌，也會照照鏡子看看自己看起來怎樣，畢竟還是在乎的。

　　所以我總是跟客戶說，誠實的面對自己吧！你真的希望自己像空氣般不被人重視嗎？還是你覺得闡述自己的愛美需求有點丟臉？拋開假面，認真面對自己，對自身造型如此，對人生態度也應該如此。

　　如今我們已經把造型設計做成一條龍的整體規劃，從幫客戶規劃造型開始，包括幫他挑選及購買衣服，一開始我們是陪客人去合適的服飾專賣店挑衣服，後來我們有了自己的衣服倉庫，裡頭有各種搭配選擇，也歡迎客人直接挑選衣服及配件買回家。

　　此外，我們有形象塑造的相關課程，還有結合網路的線上穿搭服務。我要我的造型團隊總是對客戶說，在你自己的人生中，你要扮演主角，在舞臺上展現最佳的自己。至於造型這一塊，可以委託給專業，我為你設計美麗，你為世人展現你的美麗。

作者個人連結

S-Design 整體造型穿搭 LINE@

S-Design 整體造型穿搭臉書粉絲專頁
https://www.facebook.com/sdesign.stylish/

做自己喜歡的事,也可以開心創立事業

財務規劃師 **趙玉霜**

❖ 斜槓議題
　怎麼把一個事業做得比其他人更好?

❖ 斜槓核心
　做一件事就熱愛及投入這件事

❖ 斜槓身分
　財務規劃師 / 稅務諮詢師 / 房地產達
　人 / 危老都更專業 / 保險經紀人

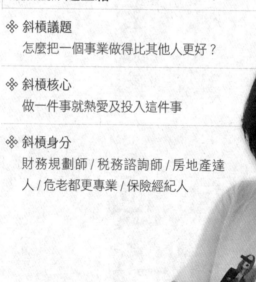

因為我很愛看書，

後來乾脆自己經營一家租書店，

愛看什麼書就自己進書來看，

前前後後這書店也開了十幾年。

我的管理方式很隨興，

客人都是我的好朋友，

我有事外出都請客人幫我看店，

也從不擔心店裡的現金會短少。

愛學習又愛冒險的我，

多元的嘗試，並理解參與不同的產業，

讓我在人生旅程上，有許多的資源，

可以逐步建構讓財務自由，

只要基礎夠穩，夢想就可以常相隨。

獨立自主的我

我是眷村長大的小孩，父母就是人家所說的「芋頭番薯」，爸爸結婚那年，他的歲數是媽媽的一倍，最初兩人甚至語言不通。我記得我小時候，都還當過爸媽間的翻譯，他們兩人就這樣彼此雞同鴨講，也生養了三個小孩。

我上有一個姊姊、下有一個弟弟，姊姊跟我未來的職涯有密切關聯，但因為我們姊妹之間年紀相差七歲之多，所以小時候並沒有太多互動。姊姊出嫁後，我這個妹妹就更像變成長姊般，必須扛起協助家計的重任。

我從小就是很自立的人，從來不需要家人操心。即使我在眷村跟其他小孩玩得滿身泥巴，或是跟男孩子混在一起打打鬧鬧，爸媽也很少干涉。記得我當時考上了位在基隆的專科學校，這是我第一次離家遠行，當天爸爸陪著我簡單打包棉被等行李，一起幫我帶去學校宿舍。把我送到學校後，爸爸也沒交代什麼，轉身就說他要回家了，此後我在住校期間，家人也從沒有特別來看過我。

我從小就不是那種多愁善感的女孩，比起別人，我看起來更顯得理性，我很少情緒化，也不會因為一時感情用事耽誤正事，但是我也不是一個冷漠無情的人，不如說我個性非常自然隨興，

覺得凡事發生就發生了，所有的抱怨或眼淚都無濟於事，若有時間，還不如就多動動腦，想方設法去突破困境。

其實我也是個愛作夢的女孩，只不過我從小就知道有夢要靠自己實現，不要去做什麼白馬王子來救援的白日夢，就算真的有白馬王子，他也有屬於他自己的夢，不一定可以跟你的夢相契合。

由於獨立又愛作夢，我本來覺得讀家政科最適合，甚至也曾動過念頭想去讀文科，因為我從小就超愛看書，而且閱讀從不設限，像是《紅樓夢》那樣的古典小說我可以認真讀完，金庸、倪匡那類的武俠科幻我也非常酷愛。

另外，好看的漫畫我也是來者不拒，經常因為沉迷一本書而通宵未眠，導致第二天無法上課。

為此我後來乾脆擔任校內的圖書館管理員，即便經常翹課，我的考試成績依然不錯，當年念的也是升學班。只不過在選填志願的關鍵時刻，媽媽有點認真的問我，選文科真的好嗎？將來可以有什麼出路？我仔細想一想她的話也有道理，因此我就念頭一轉，後來改填商學科系。

這就是成長時期的我，我不是那種乖乖牌的可愛女孩，但我也不是什麼強勢女學霸，我就是個熱愛自由、愛作夢的獨立女子。

進入社會這所大學

當年媽媽勸阻我去讀文學科系，我並沒有抗拒太久，不是因為我的個性很容易受人影響，而是我明白在社會叢林裡，競爭力才是王道，學生時代讀什麼科系並不是最重要的，每個人到頭來都是「社會系」，真正的人生要去社會上拚鬥才能見真章。

如果說學生時代算是孩子的安逸時代，那麼我的安逸時代在畢業前就已提早結束。我念書時爸爸發現罹癌，在我剛畢業那年第二次復發，爸爸是個沒有任何背景的老兵，家中經濟狀況本來就不佳，姊姊那時已出嫁，弟弟還是個學生，我沒有其他選擇，就是要扛起家中的經濟重擔，因此學生時代我就在餐廳打工，畢業後我到一家上市上櫃公司上班。

然而在這裡，我的選擇讓人覺得不可思議，明明我需要賺很多錢負擔家計，也確定我在一個收入安穩的大企業上班，但是個性獨立的我，有著別人難以理解的古怪堅持，我只在那家公司工作不到一年的時間就選擇離開，然後回頭去餐廳當服務生。

雖然我因為過往有足夠的經驗，因此我擔任的是外場主管，但是在一般人的標準裡，科技公司的粉領新貴跟在餐廳裡端盤子，哪一個是較佳選擇？我相信一百個人有九十九個會選擇前者，而我就是那個看起來讓人無法理解的女子。

有人會說，玉霜根本就是個典型浪漫主義的人，還說自己很理性。然而大家可別誤會了，千萬不要小看餐廳的工作，我是個可以把這份工作做到月入超過十萬元的人，收入絕對比當時在科技公司上班來得多。

其實道理說破了，就是那麼簡單的兩個字：「業務」，如果只是單純領薪水的服務生，薪水當然不多，但我可是天生的業務好手，我在餐廳服務的大部分收入，都來自於我成功的酒促。靠著賣酒，我二十幾歲就可以做到年收百萬元以上。

我是酒促女王

說起業務銷售，可別把我想成是個苦情女，站在孤獨的酒店舞臺上唱情歌，一邊流淚一邊爭取客人小費，說真的我還真不會。我的人生從來就跟悲情扯不上邊，我的人生格言是：「睡飽了，明天太陽依然會升起。」就算家中每個月要負擔龐大的醫藥費，但唯有努力往前走，才是最佳解決方案。

我的酒促不靠悲情，相反的，我製造歡樂。這裡我也要和有志投身業務工作的讀者朋友分享，做任何事，不論是銷售工作或是上班族都一樣，第一要務就是你一定要熱愛你的所做所為，請

相信我，你是真心或假意，客戶多多少少都能感受得到。

我的銷售祕方無他，就純粹是我熱愛分享。我並不是急著想賺錢，所以拚命努力賣酒，我是真的覺得吃美食的時候，氣氛好、燈光佳，男有情、妹有意的情境下，怎能不來瓶酒呢？不只要有酒，而且一定要是好酒，價格數千元的頂級好酒。

我是高級西餐廳的外場主管，巡場是我的主要工作。一般巡場主要看的是哪個座位的顧客有需求沒被照顧到，而我的確也會看顧客是否有沒被照顧到的部分，我的個性親和，甚至有些豪氣，我喜歡主動跟客人講話，走到每一桌問個安。

我也懂得見機行事，如果看到一個帥哥跟一個面帶嬌羞的女孩子坐在一起，我會立刻聯想起美麗的畫面，問他們今天是什麼好日子？如果是結婚紀念日，這是一年一度重要的日子，為了慶祝這份幸福的喜悅，單單叫兩客牛排怎麼夠呢？這時候，來瓶純釀的高級紅酒更合氣氛吧！相信男方也不願在女方面前省這個錢，於是好酒上桌，我還會帶領同事們一起為他們敬酒喝采。

走到另一桌，這桌看來是典型的美食主義者，大家都是事業有成的企業家，我就會上前簡單問候：「今天老闆招待貴賓啊？慶祝你們生意合作愉快，老闆你也很有眼光，點了我們餐廳的招牌餐點，不過這樣的場合似乎少了什麼是不是？老闆也感覺到了吧？我們是不是來幾瓶上好的香檳慶祝一下呢？」

　　每個晚上，我都會去為每一桌客人帶來歡樂，因為我用真誠且熱誠的言語，為客人送上喜悅與幸福，接著我也理所當然的，會為每桌客人推薦搭配合適的好酒，來為整個餐飲加分。

　　這裡有一個關鍵的重點，牽涉到專業的部分，那就是我並不隨便做酒促，平常我都有做過學習，公司也有安排為我們上課，對於不同品牌的紅酒、香檳，各有什麼特色，搭配不同餐點該佐以怎樣的佳釀，我都可以琅琅上口。

　　美酒、美食配上好的氛圍，讓許多客戶都成為餐廳常客，當他們帶客人或朋友來用餐時，只要看到我，都會主動詢問今天該搭配什麼好酒。我這個酒促女王，每個月的業績滿堂紅，也就一點都不意外了。

是不是肯花心思投入一件事？

　　時常聽到朋友說，喜歡的事跟正職是兩回事，正職是為了生計需求「必須」要做的事，例如一個人熱愛畫畫或熱愛音樂，但是這些當興趣就好，如果念書選科系或出社會謀職，想要以畫畫或音樂為主力，那就會比較辛苦。

　　老實說，我也覺得工作牽涉到自己的經濟發展，甚至牽涉到

一家子的生計，真的不能太浪漫。但是我也不認為正職就必須和興趣切開，只有假日才能撥空去從事自己熱愛的畫畫或音樂。

以我來說，我從以前到現在，我覺得每個工作都很有趣，這是真心的想法。事實上，當年我錄取了上市上櫃公司卻很快就離職，就是因為我覺得那份工作實在太沉悶了，就算我很需要錢，我也不願為了生計工作委屈自己，一天的大部分時間都在職場上，甚至一生最精華的時間也都給了職場，如果不能跟興趣結合，那也就是如人們所說，人生是苦。

但是我選擇的人生從來不苦，雖然我的家境不那麼好，但並無礙於我喜歡吃喝玩樂，我就是熱愛美食也熱愛好酒，所以我選擇在餐廳工作，並且樂在工作。所謂熱愛，我不是上班揚起笑臉，下班就像卸妝一般卸下笑臉，我即便下班了，都還會主動去鑽研跟美食及品酒相關的知識。

除了公司本來安排的課程，我還做了很多自學，甚至我還自掏腰包，不時買新的酒回家，然後刻意撕掉標籤，將酒倒在不同的杯子裡，用來考驗自己的品酒功力。

其實不同的產業都是這樣，那些業績冠軍絕對都是熱愛自己商品的人。做直銷做到頂尖的，肯定把自家的保健食品奉為神品，可以如數家珍般說出營養成分及諸多醫學專業名詞；賣保險商品的，也一定是真心感受到，保險可以帶給客人幸福的未來。

做到最高 MDRT（百萬圓桌俱樂部）位階的人，賣保險已不再去計算自己的業績，而是腦中有一幕幕的畫面，客人因為保險規劃得宜，因此避掉家中意外產生的財務風險，從而可以有所依靠的過著幸福日子。

所以不要問我，為什麼同樣的工作，有人讓自己成為富翁，有人卻每天擔心喝西北風？重點就看你有沒有花心思。

我很早就投入了保險產業，甚至早在我還在餐廳工作時，就因為姊姊的關係開始做保險。但是當時保險不是我的熱情所在，因此我在這方面並沒什麼成績，直到十五年後我的心境轉換了，才真正投入保險業，而當我真心投入時，也締造了我自己的高峰紀錄。所以做人做事成功與否，重點就在於有沒有花心思。

當個愛書的店老闆

我是何時開始斜槓的？前面說我在餐廳服務時，就已經同時兼具保險業務的身分，這也符合了斜槓的定義，只不過當時在保險部分沒有那麼認真付出，我認為不算是真正的斜槓。

我的個性有兩個面向，一個面向很熱情，喜歡接觸新事物；另一個面向，若以花心思投入一件事的角度來看，我並沒有那

麼特別愛追求斜槓。因此在我過往的職涯中，曾經同時有三個工作身分，那時我自己開了一間餐廳，我還有一家租書店，同時我也是合格的保險諮詢及理財規劃師，後來我甚至承接了紀錄片專案，當過製片，但是以精神上來看，我只是「多功者」，並不是那麼斜槓，關鍵就在於我的心境沒有那麼投入。

直到後來，我專注在金融理財領域，在這裡我找到我新的熱情，也考取了相關技能證照，我同時具備了房地產、危老都更、風險管理及稅務規劃等專業，這時候的我，才算是真正的斜槓。

二、三十歲時的我，認真做好我該做的事，那個時期對我來說，非常現實的一件事就是賺錢，只不過我選擇要快快樂樂的賺錢。那幾年的經濟壓力不小，我每個月要負擔龐大的醫藥費，但回憶起來我卻沒有任何悲情，我知道那就是我在那個階段必須要承擔的角色義務。

後來我爸爸癌逝，漸漸的不再有那麼大的財務壓力後，我就重新規劃我的人生。一直以來，我的人生就是認為樂趣比賺錢重要，現在不需要每個月拚命賺錢了，我就想投入一個我最喜歡的行業做為目標，所以我開始經營租書店。

讀者可能會再次感到好奇，開租書店可以賺到錢嗎？我必須老實說，賺大錢是不太可能，但是如果想要賺到比一般上班族的薪水還多，這依然是一點都沒問題的。就像我之前在餐廳當服務

生一樣，關鍵還是花多少心思，找到市場規則，找到自己獨門的商業模式。

經營租書店，如果只是進了一批書後擺在書櫃上，每天坐等客戶上門，這樣子當然很難賺到錢。我自己是個愛書人，同時也懂得關心市場趨勢，我早就調查好我開店地段附近的客群，也非常了解現在有什麼新書會受到讀者歡迎。

包括孩子愛看的漫畫、女孩愛看的言情小說，哪個系列永遠暢銷、哪個作者粉絲最多，同時我更沒忘記自己是學商出身的，做生意要懂得行銷。

我透過儲值的模式，創造預收金流，同時也懂得結合年節，當客人手中的錢較多時，提出了優惠的儲值方案。如果我的書要流動得快，一本書就要分成兩個階段賣，第一階段還是熱騰騰新書的時候，賺的是快速轉手率，新書保鮮期就那兩、三個月，讓每本書創造最多租金價值；第二階段是把這本書當成二手書來賣，基本上我已經掌握了一批專買二手書的熟客。

總之，每本書我都能做到不只打平進貨的成本，而且有一定的獲利。一本書如此、兩本書如此，成千上萬本書都如此，只要規劃得好，租書店當然可以獲利。

對我這樣愛書又熱愛自由的人來說，我那時候幾乎就過著悠閒自適的生活，等於是一種圓夢，每個月的營收超過二十萬元，

又沒有什麼工作壓力。

我這家租書店經營了十多年，直到後來因為把事業主力放在金融產業，才將店面轉讓出去。

成為金融斜槓人

回想起來，我的工作之路也都算順暢，我沒有為了力爭上游特別拚死拚活，像是電視劇裡小資女職場奮鬥的情節。我的人生只是順應自然，做每件事都不忘兼顧自己的喜好，也不會忽略現實面，以我這樣沒背景、沒資源的出身，也能做到四十歲就不再為錢煩惱。

可能也因為我從小到大獨立慣了，從來沒有想過要依賴誰，我養成了一個習慣，認為碰到一切狀況時自己處理就對了，因此也沒有去特意討好誰。包括面對客戶時，我也從不去討好客戶，我只是分享我認為很好的商品或服務，希望對方喜歡，如果對方不認同，我也一點都不會有被拒絕的感覺。

正是因為這樣的性情，我認識了很多的朋友，有的企業家會覺得，今日對他有所求的人，是不是哪一天需求被滿足後就會翻臉不認人？而像我這樣遇事自然不強求的人，反而讓他們合作起

來比較沒有壓力。

擔任租書店老闆時，我就是展現大剌剌的個性，我從不去懷疑客人會偷書或偷錢等等的，反倒客人都跟我變成好朋友。等到熟客越來越多了，我甚至不需要太多工讀生，店裡的許多客人幾乎也等同是我的耳目，比起監視器還更能幫我照顧好這家店。

當然我還是有請工讀生，因為我把大部分的時間都留給自己。我的工讀生流動率相當低，大家都搶著值班，因為我分紅給得特別大方，凡是在工讀生當班時間來儲值的，我給他們的抽成比例都比一般店家要高很多。

我之所以會投入保險業，是因為那家保經公司的創辦人之一就是我姊姊，她年輕時也經歷過一段辛苦的歷程，後來創業有成，身為她妹妹的我，在家人的號召下，當然要捧場加入。只是剛開始的那幾年，我並沒有專注在這個領域上，我雖然都已經考上產險、壽險雙證照了，但是我就是這樣的個性，沒有特別愛做的事就不會那麼投入。

直到後來年紀漸長，看到很多身邊親友的人生歷程，當面對無常時，有沒有事先做好保險規劃，結果往往差很多，包括當年如果爸爸有投保，我可能就不需要從學生時代就去餐廳打工了。

由於我自己也當老闆那麼多年了，賺錢的事我沒有問題，但是我真正覺得人生在世，錢可以解決的都不是大問題，但像是家

人遭逢突發狀況，或是看到有朋友碰到急難時，自己想幫卻無能為力，那樣的心境比較辛苦。如果我們很多時候不要在事後才說「早知道」，那該有多好。也就是在基於「提早幫朋友規劃好風險管控，讓未來不要有遺憾」的心境下，我在年近中年時，決心要真正投入這個助人的產業。

如同前面我所說的，我是那種不做則已、一做就會把一件事做到相當成績的人，因此後來我會在保險銷售做到 MDRT，也就一點也不意外了。如今的我以原本的保險及理財規劃為基礎，真正開始拓展斜槓。

那是因為說到底，保險是人生重要規劃的一環，當我在和客戶談保險、談理財時，自然而然也會談到資產分配、談到稅務規劃、談到各種投資工具，以我那麼願意花心思做好一件事的個性，我當然也就一個個領域都去涉獵，並且取得證照。

後來我在課程上遇到現在開公司的老闆，並積極參與了解，進而學習案件的專業，成為可以幫客戶做整合式的人生財務風險規劃。一路以來，我感恩可以做著自己喜歡的事，也真正可以幫助人，我很喜歡我這樣的人生。

玉霜的斜槓指南

永遠不要説辛苦

什麼時候該説辛苦？如果你是老闆，你要慰勞一個加班的員工，你可以慰勉他：「工作辛苦了。」但是你自己不要説自己辛苦。

自己説自己辛苦，要説給誰聽呢？是要讓別人聽了同情你嗎？家家有本難唸的經，你辛苦，別人就不辛苦嗎？到底誰該安慰誰？所以別説自己辛苦了，做好你本分應該做的事就是了。

回想當年，我還在學生時代就必須打工賺錢，在餐廳的生活要説辛苦也是辛苦，十幾、二十歲就要協助籌措爸爸的醫藥費，聽起來也是挺辛苦的。但現在是要演悲情八點檔嗎？人生是自己的，歡喜做甘願受，還是得靠自己要找出路突破。

對斜槓人來説，如果單單一份工作你就喊辛苦，怎麼有能力負擔更多的工作呢？

不要告訴自己做不到

我有接受過業務特訓嗎？為什麼我在二十歲時就可以做酒促做到月入超過十萬元？

我以前有開過店嗎？為什麼我可以把一家租書店經營成功？為何我可以在沉寂十幾年後，一旦專注在保險銷售，就把成績做到頂尖？

成功不需要什麼經驗，不需要依賴什麼資源，就如同失敗也不必找藉口，關鍵就在於你有沒有全心投入。很多事情說到底，就只是時間問題，有的人可能花兩天就達到，你一開始可能要花二十天，不過只要你持續去做，最終你就可以做到。還沒做不要說不行，做了就可以調整，一定會越來越好。

想要做一個斜槓人，肯定要面對許多「從無到有」的狀況，能否取得新的斜槓資格，就看你投入多少以及堅持多久？

瓶頸是一種人生的習題

當然，這世上也不是什麼事都可以只憑一股熱誠，就能像開車遇到一路綠燈般直行，很多時候也會碰到所謂的關卡，以及所謂的瓶頸。當碰到關卡時，可以嘗試改變不同方

法去突破；但是當碰到瓶頸時，有時候硬衝硬闖，只會消耗自己的熱情。

我也有我的瓶頸，最典型的就是保險產業，我在剛開始做保險時，也是沒做出什麼像樣的成績，不過那是因為當時的心境還沒到位。等過了十幾年後，我有了不同的人生體悟，那時候就可以把保險服務做得很好。

當碰到瓶頸時，有時候可能是上天要你再仔細想想，有時候甚至就是暗示你人生該轉型了。不論是把時間虛耗在瓶頸前徒勞掙扎，或者選擇放棄，讓自己成就卡在這個瓶頸，都不是最好的選擇。

例如我有一陣子突然覺得人生好像失去了熱情，我雖然有自己的店，但是卻沒有什麼鬥志；我有保險專業證照，卻沒有什麼興致拜訪客人。

那時我遇到瓶頸了，我後來的做法非常「跳 Tone」，我暫時放下手邊的一切事業，包括租書店也頂讓給別人。剛好我一個朋友有個紀錄片專案，我就去應徵擔任執行製作。

為了那部影片的拍攝，我上山下海去過很多地方，我花了兩年時間讓自己心靈沉澱，也接觸感受到很多人間新的風情，經過這次的沉潛後，我後來重新回到保險產業，有了出色的表現。

所以有時候退後一步反倒海闊天空，這是我給斜槓人的衷心建議。

作者個人連結

玉霜的網路名片

我的科檔筆記

雲端時代你該有的溫柔斜槓

11 個兼顧家庭與人生的優秀女性人生典範

作　　　者／楊雅如、YiLing、鍾佑妮、Avita、林貞妏、COCO、楊雅純、Jennifer、周佳雯、
　　　　　　連瑩、趙玉霜
總 策 劃／吳明展
美 術 編 輯／孤獨船長工作室
責 任 編 輯／許典春
企畫選書人／賈俊國

總 編 輯／賈俊國
副 總 編 輯／蘇士尹
編　　　輯／高懿萩
行 銷 企 畫／張莉滎・蕭羽猜・黃欣

發 行 人／何飛鵬
法 律 顧 問／元禾法律事務所王子文律師
出　　　版／布克文化出版事業部
　　　　　　臺北市中山區民生東路二段 141 號 8 樓
　　　　　　電話：(02)2500-7008 傳真：(02)2502-7676
　　　　　　Email：sbooker.service@cite.com.tw
發　　　行／英屬蓋曼群島商家庭傳媒股份有限公司城邦分公司
　　　　　　臺北市中山區民生東路二段 141 號 2 樓
　　　　　　書虫客服服務專線：(02)2500-7718；2500-7719
　　　　　　24 小時傳真專線：(02)2500-1990；2500-1991
　　　　　　劃撥帳號：19863813；戶名：書虫股份有限公司
　　　　　　讀者服務信箱：service@readingclub.com.tw
香港發行所／城邦（香港）出版集團有限公司
　　　　　　香港灣仔駱克道 193 號東超商業中心 1 樓
　　　　　　電話：+852-2508-6231 傳真：+852-2578-9337
　　　　　　Email：hkcite@biznetvigator.com
馬新發行所／城邦（馬新）出版集團 Cité (M) Sdn. Bhd.
　　　　　　41, Jalan Radin Anum, Bandar Baru Sri Petaling,
　　　　　　57000 Kuala Lumpur, Malaysia
　　　　　　電話：+603-9057-8822 傳真：+603-9057-6622
　　　　　　Email：cite@cite.com.my

印　　　刷／韋懋實業有限公司
初　　　版／2022 年 8 月
定　　　價／300 元
Ｉ Ｓ Ｂ Ｎ／978-626-7126-53-0
　　　　　　9786267126523(EPUB)

城邦讀書花園　布克文化
www.cite.com.tw　WWW.SBOOKER.COM.TW